MBRAINING
USING YOUR MULTIPLE BRAINS TO DO COOL STUFF

三脑教练
开启头脑、心脑、腹脑合一的巨大能量

[澳] 格兰特·苏萨鲁 Grant Soosalu
[美] 马文·奥卡 Marvin Oka | 著
石 蕊 | 译　阎微平 | 审校

如果你想了解三脑教练在华工作坊，
请扫下方二维码进入群聊，
可获取更多信息。

图书在版编目（CIP）数据

三脑教练：开启头脑、心脑、腹脑合一的巨大能量/(澳)格兰特·苏萨鲁(Grant Soosalu)，(美)马文·奥卡(Marvin Oka)著；石蕊译.--北京：华夏出版社，2019.5（2024.11重印）

书名原文：MBRAINING:USING YOUR MULTIPLE BRAINS TO DO COOL STUFF

ISBN 978-7-5080-9589-9

Ⅰ.①三… Ⅱ.①格… ②马… ③石… Ⅲ.①心理学－研究 Ⅳ.①B84

中国版本图书馆 CIP 数据核字(2018)第 224951 号

MBRAINING：USING YOUR MULTIPLE BRAINS TO DO COOL STUFF by Grant Soosalu and Marvin Oka
Copyright ©2012 mBIT International Pty Ltd
Simplified Chinese translation copyright ©2019 By Huaxia Publishing House
All rights reserved

版权所有，翻印必究。
北京市版权局著作权合同登记号：图字：01-2015-5270 号

三脑教练：开启头脑、心脑、腹脑合一的巨大能量

著　　者	[澳]格兰特·苏萨鲁　[美]马文·奥卡
译　　者	石　蕊
责任编辑	朱　悦
责任印制	刘　洋
出版发行	华夏出版社有限公司
经　　销	新华书店
印　　刷	三河市少明印务有限公司
装　　订	三河市少明印务有限公司
版　　次	2019 年 5 月北京第 1 版　2024 年 11 月北京第 3 次印刷
开　　本	710×1000　1/16 开
印　　张	15.5
字　　数	310 千字
定　　价	69.80 元

华夏出版社有限公司 地址：北京市东直门外香河园北里 4 号　邮编：100028
网址：www.hxph.com.cn　电话：(010)64663331(转)
若发现本版图书有印装质量问题，请与我社营销中心联系调换。

目 录

推荐序一　大脑内部有个董事会　/1

推荐序二　身、心、意的合一　/5

推荐序三　身体不会撒谎　/7

前　　言　激动人心的新领域：三脑合一　/9

第一章　现代神经科学遇到古代智慧　/1

第二章　三脑统合技术的首要功能　/17

第三章　三脑的核心能力　/33

第四章　与你的三脑沟通　/69

第五章　三脑协调一致　/97

第六章　神经统合障碍　/119

第七章　三脑的至高呈现　/145

第八章　生发智慧　/173

第九章　用三脑统合你的世界　/223

法律相关　/231

推荐序一
大脑内部有个董事会

读完格兰特·苏萨鲁和马文·奥卡合著的这本《三脑教练》，受益良多。这本书不仅系统阐述了三脑学说及其最新研究发展成果，更可贵的是介绍了很多从实践中发展出来的促进三脑协同、发挥三脑统合效应的实用方法和技术。

从进化角度看，人类是从低级生物逐渐进化而来的，尽管我们已经进化成今天这样智慧的样子，但最初作为爬虫的那部分机能和作为脊椎动物的那部分机能并没有消失，也还部分保持着各自运作的方式，因此，人们多数时候处在纠结状态：认知是一股力量，情绪是一股力量，习惯又是另一股力量。拿我的话说，就是大脑内部有个董事会，这个董事会多数时候在玩"三国杀"的游戏。

腹脑是指最原始的爬虫脑，这部分脑是决定战斗或逃跑的行动脑，是勇气的源泉。作者列举的大量证据表明，腹脑的智能和智慧在我们身上还发挥着巨大作用，胃肠区域的益生菌能够影响到情绪和行为，肠道的益生菌有抗抑郁的功效，甚至肠和肺上都分布了很多味蕾，腹脑所参与的活动并不只是消化食物和肠胃排气。

心脑是指脊椎动物脑，这部分脑是脊椎动物在社会活动中发展出来的脑，主要负责个体与个体之间的深层连接以及与此相关的状态和情绪，也称之为情绪脑。事实上，人类拥有的情绪，大猩猩乃至小猫、小狗都有。

这部分脑在我们身上还发挥着巨大的作用，太多的时候我们被情绪所控制。临床上发现，接受了心脏移植手术的患者，性格也常常有显著的变化，且这些变化与心脏提供者的性格相一致，证明了心脏具有处理经验、存储记忆的神经网络。

人类最后发展出来的新脑，在本书中称为头脑。人类拥有的逻辑思维、想象力、驾驭文字符号等高级思维机能全仰仗这部分脑完成，这部分脑是从事创造性工作的基础。

现实中，腹脑和心脑对人们决策和行为的实际影响远大于我们所能觉察到的，我们对这两部分脑的了解非常有限，更谈不上有意识地开发和利用了，甚至常常对它们的反抗信号也毫无觉察。惠特摩尔说："你只能控制你意识到的事情，你没有意识到的事情反过来制约着你。"如果我们更好地了解腹脑和心脑，就能够有意识地统合三脑，使全脑能量更好地服务于我们的目标，使我们的工作更加富有成效，使我们的生活更加幸福美满。如果忽视了心脑和腹脑的存在，必然遭遇诸多莫名的烦恼和尴尬，因为智慧不能与恐惧同在，在情绪面前道理总是显得很苍白，如果缺乏行动的勇气，再好的想法也只能是臆想。

难能可贵的是，两位作者在书中介绍了很多拿来就可以用的三脑协同的方法和技术，这些技术把每一步操作的细节乃至话术都写得非常清楚，完全可以作为读者自我修炼的操作指导手册。一本好书，不仅道理讲得通透，更重要的是有一套简单有效的落地方法，这样读者才有行动的意愿，随后才能得到相应的积极的情感体验，形成"认知—行为—情感"良性促进的三脑循环。两位作者不仅阐述了三脑的理论，还有丰富的能引起读者共鸣的案例，也介绍了不少统合三脑协调工作的实操方法。书中的文字恰到好处地分别满足了读者三脑的阅读诉求，这大概是吸引我一口气读完全书的深层原因。

很多朋友让我推荐三脑学说的书籍，就优先推荐这一本吧。如果读者真想从这本书中受益，我的建议是不要只看书，更要挑几种实用的方法和技术做起来，逐渐提高自己内在三部分力量的协调一致的默契度。越多地使用三脑统合技术来协调三部分脑协同工作，就越容易建立和谐的大脑反应模式，而这个模式意味着工作更具效率，感觉也更幸福。

田俊国
北京易明管理咨询公司创始人
原用友大学校长

推荐序二

身、心、意的合一

腹脑、心脑和头脑，如果用中国人熟悉的语言，就是指身、心、意。

个体的生命，至少涵盖了躯体的生物本能、内心的情感直觉和头脑的思考运算三个层面的功能。

从这个角度来看，近代人类社会和文化的发展与进步，会不会存在着头脑的过度发展和运用，而忽略了本能与直觉，也就是所谓的头脑拖着身与心向前狂奔的情况？

在生活中，我们遇到很多忽视身心感受的现代城市人，他们目标明确，日程清晰，行动迅速，但太过社会化，个体化不足，忙于达到外在的标准，而往往并不了解自己。

失去了内在平衡，缺乏生命的活力与乐趣，背负长期的压力，常常会让人陷入反复发作的焦虑、敏感、失眠、消化障碍等身心失调的状态，而后又去寻求医生的帮助，这是头脑独大的困境之一。

头脑是什么？

头脑是人类社会活动中用以运筹计算的"程序工具"，其运算的方式、材料和判断标准，其实是人类社会约定俗成的结果，就像谷歌与百度，功能强大，但显示的答案只是源于人类已经输入的信息。

人与机器的区别是什么？

在人工智能日新月异的发展过程中，有哪些是人可以做而机器做不到的？

我们只是头脑的数据输入与优化选择吗？如果是这样，身体与心灵又置于何处？如果没有个体化身心觉察的发展，单凭我们的头脑，不一定能强过不断发展的人工智能。

身、心、意的合一，是古代东方智慧的重点，以佛学和道家为主要形式，在古印度、巴基斯坦、喜马拉雅地区、中国西藏和内陆地区、南亚的泰国与缅甸、东亚的韩国与日本广泛流传，每一代都有学习实践者。

我们的物质身体、能量状态和精神格局是生命活动的基础，需要熟悉，需要观察，这是重要的学习。

这一切都需要健康的身心、意志力、体力和专注力的提升，需要背景知识和现实生活的同步发展。

本书摘录了大量来自现代神经科学、脑科学和心身医学中关于"三脑合一""身心觉察与统合"的研究结果，也提供了很多基于传统东方智慧的不同训练方法，希望读者能够由此打开视野，开始思考和新的学习。

学习熟悉自己的身体，熟悉当下的心理变化与心智活动的模式，感受情绪起伏，观察内在世界与外部环境的互动互感……

这一过程，即"觉"的学习，由此，我们会慢慢明白，身、心、意是生命三个面向中的不同功能，这是"内"，需要统合与平衡。

我们也会渐渐了知，内在身、心、意的变化是互相作用、永不停息的，与此同时的每一个瞬间，外在世界的每一个人、每一件事、每一个念头和情绪，也都在与我们互相感应交织，绵绵密密，超越时空。

李辛

中医心身医学硕士

上海自道精舍顾问

杭州天首达脑科学研究所顾问

推荐序三

身体不会撒谎

出于审译,又逐句地读了一遍此书。不得不承认,这本书不仅能够扩展我们多个领域的认知,让我们的认知更加立体,而且在实际操作方面也有很详尽到位的指导,易于上手。此书以术显道,以道统术,所介绍的三脑统合技术让我们回到源头,从对身体的觉知入手,有效地提升觉知力,达到三脑一体、通达合一的内在状态。

第一次接触三脑统合技术是2015年2月参加在新西兰举办的三脑统合教练(mBraining Coach)的培训。出于对脑科学研究的好奇及教练职业生涯继续教育的需求,正巧那段时间在新西兰度假,就去上了课。课程的内容基本上都在这本书里,大家可以慢慢来读。书的前半部分涉及了大量的科学数据及事实的描述,对某些读者来说会有些枯燥,但这些基础知识很必要,等看完了全书你就会明白,到底是什么让三脑统合技术如此直接有效、更本质地帮助到我们。

我个人的一个切身体验,也可以说是人生中的转折点,发生在此次培训最后一次教练对话练习中,当时是就某个议题完整地走一遍三脑统合的过程。我的搭档是个企业主,60多岁了,没有什么教练背景,只是按照提供的问话一步一步地问我。过程中所经过的环节都让我有新的提升和统合,我顺利闯关,感觉一路春风,收获满满。但是当这段旅程到了我的腹脑时,卡机了,没反应!冷漠如冰,让人不知所措。原来这里有座小冰川!至此我才意识到自己的卡点究竟在哪里。这个被遗忘的角落默默地左右着我的人生，若不是有机会进行三脑统合过程，它可能还一直在默默地冷冷地僵在那里，被其他部分的忙碌和充实所掩盖。记得大约一个月前，一个朋友回应说："微平，你这两年变化很大！你现在……"这些变化要源于那次练习中的发现，找到了问题的根源，那清醒一刻的赤裸胜过任何臆造的美景。

2017年年初，三脑统合教练培训又一次在奥克兰举办，我被邀请去做助教。这次的学员是清一色的女性，最大的年龄68岁，年轻的才20多岁，都是专业人士。在培训中，我们还专门探讨了女性领导力将会如何引导世界的和平。为此次培训贡献演示案例的是某家银行的高管，她是两个孩子的妈妈。作为案例，每次讲完一个三脑统合教练环节，讲师就要和她演示刚讲过的教练环节，议题由她自己定。在这样的培训中做过案例演示的学员清楚，这种情况下的教练探索深度会因为要演示教练工具和过程而受影响，而且不是一个持续进行的完整过程。在整个培训中，她和讲师有过四次阶段性的对话。在最后一天的上午的练习中，我正好和她一组。谈到几天下来的体验，她说，她越来越打开，越来越平和放松，越来越明白要如何去做，很奇妙。更神奇的是，她正处于生理期，这一次是从未有过的顺畅，往常的经期不适全然没出现！

现在，我把三脑统合技术用到一对一的教练对话中，在日常工作生活中也会时不时地用三脑统合流程来调整自己的状态。我们通过与身体的连接及对话，会更接近真实的自己，会更清楚地看到问题的本质，而非头脑中臆造出来的。身体不会撒谎，三脑统合技术让我们回到身体，回到觉知的起点，最终回归到本真圆融。

借此感谢这些年来一直支持着我的家人和朋友们！愿读者拥有一段愉快的、有收获的阅读旅程！

阎微平

领导力教练

青春期教育咨询顾问

前　言

激动人心的新领域：三脑合一

本书的出版是一个惊喜！最近两年，我们统合了大量腹脑、心脑、头脑的前沿神经科学研究。

作为行为建模方面的专家，我们一直非常关注神经科学的研究动态，关注它在人类行为方面的应用。而随着对神经科学中每个"脑"（神经网络）的研究成果的深入探索，两个让我们震惊的重要发现成就了这本书。

第一个发现是，这些科学研究的应用价值在原始资料中描述得并不清楚。这些公开发表的文章只是简单地描述了研究本身及其技术发现。其实，这些研究结果对人员绩效、个人发展方面具有重大价值，可以说，这一技术能让我们过上更加智慧和真实的生活。

第二个发现是不同的研究彼此孤立。尽管对于腹脑、心脑、头脑的研究非常之多，其中不乏从特定的、独立的角度研究的专业主题，然而，我们调查了600多份此类论文，却发现没有一篇是研究这三者的统合，研究它们是如何相互联系来优化人类能力的。

基于这两个发现，一个新领域诞生了。这一领域从全新视角研究人类行为改变的技术和框架，同时提供了一个创新的平台，以研究人类个体及集体行为的多种可能性。

我们将运用三脑的整套方法（简称为mBIT），即"三脑统合技术"。三脑统合技术是在以神经科学研究为基础的行为建模技术上发展起来的，它既提供了让我们吃惊的新发现，也印证了一些有价值的旧认知。"新"，指的是它提出了对个人发展和行为改变，远远超过现有方法的更为精确、更有变革力量的新方式。在本书中，你将学到运用神经科学的一些原则解释为什么一些个人发展的方法有意义，而一些方法却不行。

这本书的风格是神经科学研究和实际生活应用的混搭。我们在保证技术精准度的基础上尽量让科学资料更通俗易懂。

为此我们特意从已经得到证实的科学发现入手，进一步对三脑统合过程进行研究。我们相信，随着科学的进步，未来会有更多的像"脑"一样复杂的神经网络或内生智慧中心被发现。

作为该领域的探索者，我们需要的不是改良，不是对现有模式的优化，我们需要的是创造性变革。正如书中所述，让多个脑协同工作的目的不是做得更多，而是以最真实的自我来生活，同时在决策和行动中拥有更多的智慧。

研究发现，当人们不能与三脑同步时，会产生很多问题，这也是现在我们面临如此多挑战的原因。许多人发现，对生活做长期真正的改变非常困难，而本书要告诉你的正是，要想让改变真实发生，必须按一定方式协同多个脑，而三脑统合过程会告诉我们如何去做以及为什么这样做。

这一方式和过程，将通过引导更高层次的元认知来让我们的决策，让我们个人、团队、集体和社会的行为更加智慧。

这本书是人人可用、方便实施的工具。如果说最新的神经科学成果是一张地图，行为模型研究提供了行动路线，那么三脑统合过程提供给我们的就是旅行的工具和方法。让我们一起踏上征程，去寻找不一样的人生，创造世界的改变吧！

**mBraining
三脑教练
运用三脑做酷事**

第一章
现代神经科学遇到古代智慧

"对于科学来说,重要的事情与其说是获得新的事实,不如说是发现思考事实的新方法。"

——威廉姆·亨利·布拉格

2009年,在宾夕法尼亚大学的一处实验室里,一根不锈钢插管正被小心缓慢地放入一个试验对象的胳膊里。试验对象躺在轮床上,被一堆高科技医学扫描仪器所包围,处于一种深度冥想的状态。这是第16位试验对象,共有26名男性和女性参与这一项前沿的科学研究。这26名参与者中有12名资深冥想者,每位都有超过15年积极实践冥想或者祷告的经历。其余14位是没有冥想经验的普通人,作为资深冥想组的对照。

随机抽取的第16号试验对象,被指示闭上眼睛休息10分钟。接近结束时,穿实验室制服的医师将放射性指示剂通过插管注入她的血流中。放射性锝99制剂进入大脑并在此被分散到颅神经细胞和神经网络的精微结构中。轻轻地，这位试验对象被推入一架单光子发射计算机断层成像术（SPECT）脑成像机器中。这是一个巨大的具有3000XP定位棱镜、三个转动头的伽马射线照相机。这个东西被用来展示大脑的结构和工作过程的细节。

扫描的结果自动传输到电脑中，用于储存和分析26位实验对象的复杂数据。接下来的几个星期，影像数据将被统合并且通过先进的数学技术统计成像。偏离的指数将通过推算、统计参数绘图计算得出脑血流量结果。最终的结论将从这些结果中推导出来。

结论如下：

> 同没有冥想经验的人相比，长期冥想者在前额皮质、顶叶皮质、丘脑、壳核、尾核和中脑的脑血流量明显偏高（$P<0.05$）。另外一个显著的差异是长期冥想者的丘脑一侧有明显的不对称。观察发现，长期冥想者在脑结构上也发生了一些改变，这些结构支撑了大脑的注意力网络和情感、自主神经功能。

安德鲁·纽伯格博士和他的同事们经过数千小时严格的程序操作和研究，运用价值数百万美元的高端仪器设备，向参与实验的志愿者和科学界宣布，他们发现了确实可信的证据，证明冥想改变了大脑与注意力、情感、自主神经系统控制相关的结构。

最终，科学开始证明，冥想、专注于正念、慈悲、爱和仁慈的练习，会改变行为和状态并最终改变大脑的神经网络结构。

回溯

让我们回溯到千年以前的某个时刻，在高高的喜马拉雅山上，一个偏远的小村庄，一片宁静的田园，一个干瘦的和尚，以莲花坐姿轻柔且有节奏地摇晃着，他的脚下列坐着全神贯注的学生，倾听他传授深刻的智慧和知识。

身着藏红花色长袍的和尚说:"保持清醒,平静地坐着,让每一次呼吸打开你的心,清晰你的头脑。你的心就像一个花园,它能生发慈悲或者恐惧、愤恨或者爱。只有内心纯洁、目的单纯的人才能够理解这个最高的境界。"

和尚温柔地望着他面前每一个人的眼睛,继续说:"理解一切即宽恕一切,而宽恕始于你专注的意识、专注的呼吸、专注的心。平静地去做是关键。静静地坐着,让每一个呼吸使你的思绪保持清晰并转化你的世界。这是平和的秘诀,也是存在的秘诀。"

时光流转,让我们重新回到现代。利用单光子发射计算机断层成像术(SPECT)、正电子发射断层成像术(PET)和功能性磁共振成像(fMRI)、大脑扫描仪器等技术和精密仪器,投入数十亿研发经费,在多模式的脑电脑(EEG)设备和电子显微镜的帮助下,我们知道了2500年前古圣先贤所拥有的精华。通过科学的细节,我们终于发现,作为人类,我们的最高智慧如何表达和体现,而这些正是那些神秘传统历经千年保存下来的真知灼见。这是个令人兴奋的时代,这是现代科学与古代智慧相遇的时代。此时此刻,我们能够真正地开始回顾、了解并升华我们这些知识。

古老智慧

我们可以从几乎所有的灵修练习和许多哲学视角中找到先贤关于如何生发和进入更深层智慧的建议。

"五色令人目盲;五音令人耳聋;五味令人口爽;
驰骋畋猎,令人心发狂;难得之货,令人行妨。
是以圣人为腹不为目,故去彼取此。"——《道德经》

"道不在天上,道在人心里。"——佛陀

"没有教化心灵而只是教化思维等于没有教化。"——亚里士多德

"错误会迷惑我们的心,而真理能带来喜悦的宁静。"——鲁米

"身体是头脑的载体,而头脑是心的载体。"——哈斯拉·伊纳亚特·卡恩

你可能会问:"这些引领我们获得更高智慧的传统共通的是什么呢?"从本书中你可以学习到,许多智慧源于哪里以及如何发源出来。例如,古代中国道家哲学认为身体中有三个思想、智慧或者说能量中心,称为三丹田。上丹田位于头脑,中丹田位于心脏,下丹田位于腹部。

九型人格是部分基于古代苏菲派智慧的一种神秘系统。它描述了源自头、心、腹三个中心的自我成见如何阻碍了我们的灵性成长。

葛吉夫,一个生于美国的神秘主义者,在18世纪后期,花费了几十年的时间在亚洲少数民族聚居区和远东地区旅行,研究无数的灵性群体,寻找深入的神秘主义知识。葛吉夫称我们每个人都有三脑:智慧脑、情感脑和直觉脑。

实际上,这种三个灵魂或者智慧中心的说法在世界上很多宗教中都存在。在夏威夷的传统神秘宗教卡胡纳中就有低我、中我、高我的概念。犹太的卡巴拉教同样也有三个明显区分灵魂层次的精神概念。在蒙古的萨满教中,西伯利亚人和中亚人称所有的人都拥有三个灵魂,即"Suld"灵魂、"Suns"灵魂和"AMI"身体灵魂。另外,一些部落族群,像非洲的努佩人、美国的拉科塔族苏族人、爱斯基摩因纽特人、中国台湾地区的土著卑南人、中国的苗族人都声称人有三个灵魂。研究回顾近100年来种族方面的数据资料,学者福瑞斯卡、莫若、维塞斯曼发现,三个灵魂的概念在土著族群的灵性传统中是一个常见现象。

注意到所有这些神秘传统的模式了吗?它们似乎都表明人体有三个智慧中心,让我们能够接近、沟通并且能引导我们过上更加智慧的生活。这

些古老的哲学充满神秘的练习，与我们的生活有什么关系呢？

有压力的生活

我们的生活，随时会发生大量的急剧的变化。我们周围的世界，充满了各种不确定的压力，让我们焦头烂额。

对于很多人来说，工作与生活的平衡是一件麻烦事。他们在做一份真正有意义的工作和挣钱生存之间挣扎。你是否也想做一份与现在不一样的工作？你挣钱养家的工作是你心里真正想要的吗？

最终，似乎很多人发现他们陷入了一个怪圈，即不论他们做了什么决定，结果都是一样的。所做的决定看似是把他们带出了煎锅，但其结果是又带着他们直下火海。

比如婚姻，离婚中比较常见的就是，与前一任没有解决的问题在下一任身上仍会重现。当你的总体幸福度和生活质量下降时，你会困惑"这到底是为了什么"。

最终，你会怀疑自己的身份：我是谁？我为什么在这里？我的目的是什么？我们都在渴求有意义的生活，然而通常我们所做的决定、所采取的行动好像并不能让我们更快地达到目标。

一切在于你如何反应

流行的内在成长和新时代的各种说法试图成为我们的解药："发生了什么并不要紧，重要的是你如何反应。"这从根本上来说是正确的，但是我们究竟要如何"反应"，我们具体应该做什么呢？

基于神经科学的最前沿研究，三脑统合技术有令人吃惊的发现，即我们不仅有头脑，我们还有心脑和腹脑。在本书中，你会学习到如何与这些脑沟通，也会学习到如何使它们协调一致，从而带着智慧来回应外界，而这些单纯运用头脑是很难完成的。

引发麻烦

刚刚过去的几百年，世界沉迷于科学、技术和基于头脑的逻辑思考。科学的威力和它对我们生活的提升驱使整个社会加速改变。

值得探讨的是，面对问题时，我们绝大多数时候都依赖于基于头脑的理性思维，而不是传统的基于内心的直觉思维。

我们的研究想要分享给大家的是，这种基于头脑的决策及生活方式会带来很多问题，使我们的生活失去平衡。这也导致了很多现代全球化的社会问题，造成这些问题的原因是我们的决策中缺少了三脑的智慧。

看看周围，在当今世界，毫无约束的贪欲和对系统性后果的认知缺乏导致了：

- 环境破坏
- 人口膨胀
- 过度消费
- 压力和健康问题
- 只是为了保持快节奏而没有意义的加速变化
- 工作生活不平衡
- 社交碎片化：尽管拥有比任何时代都更多的沟通方式，但我们却不能集中在有意义的方式上
- 缺乏弹性：缺少宽容、接纳，从而导致暴力、战争和全球化的冲突
- 不道德的企业行为
- 财务系统崩溃：由贪欲、不够勤奋和公然腐败所致

我们的世界不再平衡，不再同步，我们需要找到一条引领和统合智慧的道路。这条道路应该有坚实的科学基础，同时有千年古老智慧的支持，这条道路就是三脑统合技术。当你读完这本书的时候再来验证一下你是否同意这个观点。

指向你的大脑

停止阅读，然后用你的手指头指向你的大脑。是的，我们没有犯傻。如果你这样做了，你可能只是部分正确了。

> **有趣的事实：**
>
> 你有不止一个脑，你有至少三个脑！

为了帮助你感谢这三个令人惊讶的脑并学会使用它们，我们首先来认识一下脑的构成：

- 大量的神经元和神经节，包括感觉神经元和运动神经元
- 含有中间神经元的神经细胞，与其他神经元凹形联络的神经元
- 支持结构或细胞，例如神经节细胞、星细胞、蛋白质等
- 功能结构：感知/接收信息，处理信息，储存和使用记忆
- 能够用内在神经系统协调复杂反射（例如并不需要大脑指挥的反射，在完全没有大脑参与的情况下仍功能完好）
- 一个神经介质的化学仓库（同样在腹脑和心脑中发现了头脑中的神经介质）

头部的大脑明显是一个参考模型，除此之外，我们还能在心和腹中找到有同样结构和标准的模型。

心脑

1991 年，吉·安德鲁·阿穆尔博士在他的神经心脏学的开创性研究中，引入了在心脏里发挥作用的大脑概念。他的研究显示，心脏有一个复杂的内在神经系统，这个神经系统复杂精微，就其本身来讲就可以用"脑"相称。

心脑符合上面我们列出的所有关于脑的标准，包括多种类型的神经元、中间神经元、神经介质、蛋白质和支持细胞。它复杂而精细的神经环路使其能够脱离头部的大脑，独立地行使功能，它能够学习、记忆、感觉和意识。

心脑大约有4万到12万个不等的神经元，数量因人而异，也随着年龄而变化。心脑也能产生新的神经元，创造新的神经连接。它能够学习和改变。

心脑能够分泌和使用多巴胺及去甲肾上腺素这样的神经激素，而此前我们认为只有头脑才能够做到。更为重要的是，心脏还能够分泌催产素这一通常被认为是爱和连接的激素，其浓度完全可以达到头脑中的浓度。催产素是一种已被确认的参与认知、忍耐、适应和学习社交的物质。

科学家约翰和碧翠丝·莱希，经过20多年的研究发现，心与脑的沟通方式大大地影响着我们如何看待和应对这个世界。莱希发现，心脏有其自身的逻辑，它经常偏离自主神经系统的指令，而且似乎还给头脑发送有意义的信息来影响个体的行为。

罗林·麦克雷以及他在加利福尼亚美国心脏数理研究院的同事们近期发现，心脏有强大的智慧来参与一系列重要复杂行为的进展和协调。

就像我们本章开篇所指出的，在几千年来玄奥的灵性传统中，心脏一直被认为是智慧中心，是情感、价值、勇气和智慧的源泉。所以说，现代神经科学终于赶上了传统见解，与其交汇，相互印证，也给传统见解注入了强有力的新洞见，并给我们原来未经验证的概念提供了客观的依据。

有趣的事实:
你的心脏里有一个复杂且智慧的大脑。

腹脑的发现

如果你去当地医院咨询你的全科医生关于腹脑的问题,他们很可能告诉你没有听说过腹脑,除非他们了解肠胃病学这个专业领域。

其实一百多年前腹脑就已经被发现了,但却被医学史所遗忘,所以现在很少有医生能够在医学院学习到这方面的知识。我们询问的一个医生听说了腹脑后非常吃惊,当我们给他看了迈克尔·葛申博士的开创性著作《第二脑:你的肠有它自己的思想》后,他就更吃惊了。葛申博士是最新发展的神经胃肠病理学领域的领军人物,他的著作被认为是医学知识的巨大突破,为很多的胃肠疾病提供了新的理论解释。

在探索腹脑方面的最新发现之前,我们先回到18世纪后期。在阴冷雾气笼罩下的伦敦,一间简陋的实验室,两位医学研究者——贝斯林和斯塔林正在揭开令人吃惊的腹脑研究的细节。

在狗身上,他们发现,即使切断了脊髓神经的联系,肠仍能够继续维持功能,消化食物。他们发现了一个肠的复杂的"本地神经机制",该机制使肠能够对于遍布内脏系统的胃肠神经丛细胞和纤维自动进行反应。而在欧洲大陆,生物物理学家乌尔里希·特伦德伦伯格也发现了支持贝斯林和斯塔林研究结果的细节证据。

接下来,在1907年,一位非常有影响力的临床医学家、科学家、作家拜伦·罗宾森发表了他里程碑式的著作《腹盆脑》。该书有700多页,包含了200多个细节,证明了腹脑系统的存在。令人遗憾的是,不知什么原因,腹脑的发现长期被医学界忽视,其知识和证据也淹没在历史长河中,只是在最近15年,腹脑理论才重新被世人所注意。

> **有趣的事实:**
> 你的肠中有一个包含超过5亿个神经元,大小和复杂度相当于猫的大脑的复杂而智慧的"脑"。

好吧，结束我们对腹脑的历史回顾，快进到1998年。此时，神经生物学家迈克尔·葛申博士刚刚发表了他的《第二脑：你的肠有它自己的思想》。这本书是葛申博士和他的同事10多年研究成果的集中展示。

腹脑拥有大约5亿个神经元，它们分布于食管内层的组织鞘、胃、大小肠、结肠和直肠中。腹脑发送和接收来自胸腔、躯干和受神经控制的组织（如胰腺、肺、横膈膜和肝等）的信号。它还是一个大的化学和神经激素仓库，能够运用头脑中的各种神经介质。腹脑中发现的主要神经介质有血清素、多巴胺、谷氨酸酯、去甲肾上腺素和一氧化氮。根据葛申博士的研究，身体和大脑中95%以上的血清素都是在肠中生成的。

同样，在肠中也发现了脑肽和内啡肽。肠同时大量供应苯二氮类物质，这类物质是安定和阿普唑仑等心理镇定药物的主要化学成分。实际上，我们发现，当遇到巨大压力和急性应激事件时，肠能够产出大量的苯二氮来安抚镇定头脑，以减少情绪和认知上的压力反应。实际上，是我们的肠关闭了头脑以使其不必太过惊吓。这也是为什么我们有时候会在有情绪时噎住，腹脑协同控制食道，避免头脑在极度危险和高压力情况下吞咽食物。

头脑的疾病同样也会影响腹脑和心脑中的神经。阿尔茨海默和帕金森患者通常遭受的便秘就是由于腹脑和头脑都受到了同样的损害所造成的。俄亥俄州立大学心理系主任伍德博士说，更多的证据表明腹脑参与了像克罗恩病和结肠溃疡等自体免疫性疾病的发生过程。

肠会学习

肠能够学习。葛申博士告诉了我们一个陆军军士的故事，对方曾经作为男护士照顾截瘫的病人。由于下部脊椎受损，截瘫患者会大小便失禁，所以每天上午10点，患者都会被灌肠。

有一次，由于他换班，代替他的护士决定只在患者便秘时进行灌肠。葛申说："第二天上午10点，病房中的每个患者都在同一时间，在没有灌肠的情况下进行了排便。"

关于肠的神经系统有学习能力，另一个不那么有趣的例子也是伍德博士提供的。他的证据来源于先天性巨结肠症，一种由于基因缺陷导致的结肠神经系统最后一节缺失的疾病。一位德国医生成功地移除了300名患者有缺陷的结肠部分，并将相邻的结肠直接连到肛门，这部分结肠从未与排便直接相关。然而在18个月内，它成功地学会了排便，这表明肠神经能够学习到新的功能。

有一项研究提供了肠具有学习能力的最终例证。该研究表明，人生命中经历的心理和情感的创伤性应激事件，比如爱人的死亡、离婚、自然灾害、意外事故、生理心理的虐待等，会造成成人肠易激综合征（IBS），它是一种慢性的胃肠功能紊乱。研究表明，它是由控制肠的感觉能动性的神经和肌肉组织的变化引起的。根据梅约医院撒依托·洛夫斯特博士的研究，应激性创伤可能使头脑和腹脑敏感化，从而导致肠易激综合征。腹脑在创伤性经历中得到了学习，从而变得过度敏感。

腹脑也可以产生新的神经。《神经科学》期刊上发表的一篇研究报告称，成人的肠神经系统能够产生新的神经元，称为神经再生（形成新的神经元）。这是影响深远的新发现，可能很快被应用到治疗那些由于肠神经元缺失而遭受胃肠功能紊乱的患者身上。

> **有趣的事实：**
> 你的腹脑具有可塑性而且能够学习，能够形成记忆，还能够采取新的行动以及生成新的神经元。

进化发展

从进化的角度看，腹脑和心脑都是很古老的。我们已经在海生鼻涕虫、海参和无脊椎寄生虫（一种寄生虫）中发现了腹脑。海参属棘皮动物，脊索类的一种，具有非常成熟的肠神经系统。

仔细想一下很有意思，在地球生命的进化过程中，最开始是单细胞有机体，然后发展为多细胞生物，在海洋中游走，向食物移动并远离危险。当它们进化得越来越复杂时，它们需要一个神经网络，一个智能系统，来处理获取、消化和吸收食物需要的信息，同时避开危险，在它们所处的环境中安全行动。这些存在于像海参这样的有机体中的神经系统，基本上就是一根用来进食和复制的管子，而进化到再高一级的有机体，就成了腹脑。它的形成从时间上应该早于头脑和心脑神经系统。

子宫中的发育

非常有意思的是，我们的脑在妊娠期的发育恰好对应了进化的顺序。当胚胎发育时，形成胚胎的细胞最终发展成为各种脑。首先是神经板形成，进而卷成神经管。神经管最终形成脊柱并进一步产生头脑。然而，就在神经板的边缘汇合形成神经管的同时，被称为神经嵴的凸起形成，并开始了它生成腹脑的过程，神经嵴的衍生细胞克隆形成了肠。

所以，在神经板延伸并卷曲形成脑髓进而最终形成头脑之前，腹脑已开始形成并填充到内脏区域。紧接着，在神经管发育的同时，另一个凸起最终成为迷走神经系统并形成心脏神经丛和心脏部位的神经分布。

所以，总结下来，从发育的角度看，腹脑在子宫中最先形成，接下来才是心脑和头脑。

> **有趣的事实：**
> 腹脑最先形成。无论从进化角度还是从在子宫中发育的先后来看，腹脑都在心脑和头脑之前形成。

腹脑最先

无论是生物的进化还是我们作为生命的存在，腹脑都是最先形成的。更重要的是，通过三脑统合技术的学习，你会发现腹脑智能对你的身份认同非常重要。它是你最深层的自我认知的核心，是你潜意识中关于"我是谁""我不是谁"的认识。它同时也负责处理我们的核心身份认同或者动机方面的问题，比如安全、保护、维持界限，以及你从生理和心理上会内化或者排斥一些什么事情。这与海参要做的事情并没有多大区别。简言之，你的腹脑对于"你是谁"非常重要。

神经语言学的深刻洞见

在20世纪70年代早期，加利福尼亚大学的约翰·格林德和理查德·班德勒，通过研究语义学、变形语法、埃里克森催眠系统和理论等诸多领域，创建了一个强大的综合体系，称为神经语言程序，简称NLP。运用行为建模的原理，神经语言程序发展出了人际沟通、与他人的学习和行为能力等诸多模型。

科学文摘对神经语言程序的评价是："人类心理学诞生以来出现的最重要的综合知识体系，可能是行为工程学的最终工具。"

神经语言程序提供了一套技能、模型和方法来让我们在这个世界上更有效地思考和行动，以改变、适应或者消除自己或者他人的一些行为。

神经语言程序的重要原则之一是，语言是神经活动的直接体现。就像神经语言程序指出的："人类沟通很少是比喻的，语言是深层无意识程序的文字表达。"这意味着我们能够通过聆听那些自然而然的常用说法，显现这些语句所表达的隐含的神经活动。

关于头脑之外存在多个智慧中心的证据，常用的语句有：

- 倾听你的直觉（Listen to your gut wisdom）
- 相信你的心（Trust the intelligence of your heart）

- 跟随你的心（Follow your heart）
- 运用你的直觉（Use your gut intuition）
- 信任你的直觉（Trust your gut）
- 对你的心真诚（Be true to your heart）
- 我的直觉告诉我有什么地方不对劲（My gut is telling me there's something wrong）
- 我的内心深处知道（Deep in my heart I know）
- 跟着你的直觉反应走（Go with your gut response）

所有这些表述都从神经语言学上显示，智慧、智商和直觉由心和肠产生。这个强有力的观点也支持了古代的神秘传统学说。

认知语言学

1980年，加利福尼亚大学两位年轻的语言学家出版的一本书震惊了语言学界，创建了一个全新的激动人心的领域：认知语言学。

在他们的书《我们赖以生存的隐喻》中，乔治·莱考夫教授和马克·约翰逊博士解释了很多语言和思想都基于比喻，并将其中的关联体现出来。

莱考夫和约翰逊所说的"思想和语言被体现出来"，是指人类的认知依赖并深度使用感觉运动系统和情感。一个例子可以更简单地说明这一点。根据莱考夫的研究，一个简单的陈述句比如"她给了我一个温暖的问候"，就隐含着"爱是温暖的"这一概念性比喻，这种认知概念在我们的实际身体经验和相应的神经网络映射中就被体现出来了。我们确实感受和体验到爱是温暖的。所以，我们用以沟通和理解世界的语言表达，代表了我们潜意识对世界的感知。就像莱考夫所说："我们是神经存在体。我们的脑从身体的其他方面得到信息。身体是怎样的，它如何工作，这些构造出了我们思考的概念结构。"

莱考夫和约翰逊的理论一问世就引起了巨大争议，在语言学和心理学领域都掀起了热烈的争论。然而，1980年之后的干预时期，随着脑图工具的使用、神经网络模拟和其他先进的科学方法的应用，认知语言学的见解很大程度上都得到了证实。比喻和认知被真正体现。基于我们上述的例子，耶鲁大学的研究者发现，在试验前刚端握过热咖啡的试验对象比起端握冷饮的受试者，更倾向于将一个想象的对象描述为温暖而友好的。这显然是通过"爱是温暖的"这一概念性比喻而进行的预判。

> **有趣的事实：**
> 尽管语言很大程度上是比喻的和具体的，但它从深层上代表了潜在的神经和行为学上的过程。

你能用《语言库分析》来分析人们使用的词语，从而推断出其中所隐含的神经过程和能力；你可以使用通常的表达、辞令、成语来指导行为建模。这是我们创立三脑统合技术所使用的许多方法中的一种。

行为建模的力量

为了将三脑统合技术发展为实效性的工具，同时完善我们的研究，我们需要更多的科学发现，并在"实际生活"中检测其有效性，还需要了解在无意识状态下，人们是如何与三脑协同工作的。

为了帮助我们更好地了解这些，我们的研究深入一个非常有实效、有深度和洞察性的领域——行为建模。它被归类为人类绩效的行为技术。行为建模是对人类任何形式的能力（思考能力、情绪能力、生理能力和存在方式）进行区分和编码的方法。

行为建模已经在商业公司、政府机构、体育运动队、销售团队、市场调研公司、教育机构等得到了广泛的应用。

行为建模能够具有如此强大的影响力，主要是因为它能够描绘人们无意识的过程，而这在意识状态下人们是很难表达的。这给我们提供了一种发展、测试、定义三脑统合技术的方法，即聚焦在行为有效性上，成为一种人人都能够运用、能够产生实际效果的工具。

那么，什么是三脑统合技术？

它是关于三脑统合的——以一种协同有力的方式综合运用你的多个脑的过程，是一系列同步统合你的多个脑的概念、原则和技巧。它非常强大，使许多个人发展领域，比如神经语言程序、积极心理学、冥想、瑜伽、运动机能学和各种身心方法达到非常了不起的深度和精确性。

我们的身体有三个独立的智能中心，它们可能彼此对抗，可能有各种不同的模式、习惯和特性。了解各个脑的核心能力，能够让你用一些原来只是在偶然、意外情况下才会使用到的方法来更多地协同你的多个脑，与它们沟通，促进它们彼此连接。

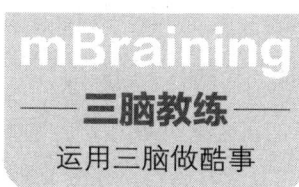

第二章
三脑统合技术的首要功能

复杂有趣的科学见解固然招人喜爱,但最终,真正让人兴奋的还是它们在现实世界中的实际应用。

根据科学对多个脑的研究结果,我们需要做的就是运用神经语言程序和行为建模技能,着手开发出那些非常实用且有效的工具和技术,为生活带来真正的改变。

在与高级经理人、教练、教育人士、顾问、保健医生、组织变革引导师一起工作的过程中,我们发现三脑统合技术的实践运用就在我们身边,无处不在。就像很多至理名言一样,一旦被警示,我们才惊觉对它们的无视。许多人职业和生活方面的问题就是多个脑的一致和统合的问题。我们甚至发现,人们所面临的最重要也最核心的问题,通常就是因为他们运用三脑的方法有问题,导致三脑无法发挥其最大效能。

如果一个人正面临现实中的问题,不外乎身份认同、安全、界限、意义、勇气、行动、连接和价值等,这都涉及我们三脑的功能。就像你将在本章中发现的一样，每个脑都有它一套主要的功能，如果不能按照正确的顺序，恰当地使用这些功能，你就会遇到麻烦。

所以，三脑统合技术的可贵之处就在于，我们现在有了能够让三脑协同一致的强大模型和方法，从而让我们的决策和行动更加明智。

三脑统合技术的指导原则：首要功能

每个脑都有它各自的首要功能。每个脑都有差异非常大的智能形式。它们运用不同的语言，有不同的目标，在不同的标准下运行。换言之，你的头脑、心脑和腹脑有不同的运行方法，需要用不同的沟通方法来表达它们的关注点和自身的专长领域。

不同的脑有泾渭分明的首要功能和隐含的核心能力，它们都是明显而直观的。

三脑的首要功能

心脑的首要功能
- 情感
- 关系影响
- 价值观

腹脑的首要功能
- 动员
- 自我保护
- 核心身份认同

头脑的首要功能
- 认知观点
- 思考

・赋予意义

【请注意，我们并不是说这些首要功能只限于它们所连接的特定的脑。很显然，头脑包含大约 1000 亿个神经元，在复杂程度上远远超过心脑和腹脑，在所有层面上参与各功能运作。然而，我们行为建模研究的证据表明，每个神经网络都是它参与功能的主要或者关键的驱动者。还有一点需要注意的是，行为建模关注的是实际效用以及由此发展出的一套实用模型。一个模型效用的最终检验标准就是能否通过应用得到可再现的结果。我们所做的就是应用最新的科学证据来完善行为建模的研究。】

关于头脑

头脑的首要功能在很多方面都是显而易见的。它们包括逻辑思考等心理认知功能和推理、感知、意义构建等过程。思考过程包括精神意象、语言表达、抽象和符号处理。头脑的主要工作就是智性地认识世界并进行执行控制。

关于心脑

心是爱和渴望、目标、梦想、价值观的所在。当你与什么事情有连接时，你心中是能感受到而且珍惜它的。当你听到某些人"将心穿在袖子上"时，你直接就能觉察到这并不是说他们太有逻辑性了，相反地，这是说他们表达自己感情、愿望和目的的方式太直接、太随意了。

如果你说某事是让心有触动的，你就不是说它在理智上是很精确的。看看描写与心相关的语言模式就能体会出，它们表达了爱、连接、友好或与之相反的概念。心脑的首要功能包括卓越、感情、关系等问题，例如相比于伦理规则的我们内心深处的道德正义感。

关于腹脑

根据它的进化历史,腹脑主要负责决定吸收什么、排泄什么。它必须知道维持身体健康需要什么,并决定是吸收还是排出摄入胃中的细微颗粒。实际上,研究发现,超过 80% 的免疫细胞分布在肠内,腹脑也非常密切地参与到免疫功能的管理运行中。

肠的首要功能是保护、自我维护、核心身份认同。当进化还停留在海参和虫子的阶段时,有机体只有一个神经系统即腹脑。这个智能中心用来发现环境中的危险和食物,从而游向食物,远离危险。腹脑拥有探测边界和移动的功能,对于人类来说,就是动机、胆量、采取行动的欲望。

发现练习:探索首要功能

是时候做些练习了,来探索你的三脑的首要功能,了解它们是如何运作的。

1. 读读下面的句子,找出每一个都在你身体的哪个部分处理和体验到,主要是哪个脑/智能在运作。

- 我确实需要好好想想
- 我压抑住恐惧继续前进
- 我能更清楚地理解你说的话了
- 我真的喜欢那个
- 这真的需要勇气去做
- 那背后的逻辑是什么
- 我真的非常感激你为我所做的
- 我确实想要原谅她
- 我已经被它喂饱了,真是受够了

你注意到了吗？每句话都引发了你身体不同部分的反应，这些反应来自与相应的脑对应的区域。

2. 回忆你如下的时刻：

・充满勇气

停下来充分感受这个时刻。现在，回忆这个时刻：

・充满了爱和美好

再用一点时间充分感受它。现在，回忆这个时刻：

・逻辑清晰且头脑清楚

注意体会这三种时刻给你的不同的主观感受。注意处理"什么"的不同。现在注意"怎样"处理的不同。最后，注意在身体的"哪里"处理的不同。即使只有一般水平的自我觉察，大多数人都能感受到这三种体验的差别。如果你是少数不能感受差别的人，那么恭喜你，你将通过书中的觉察训练大大受益。

3. 想象一个你做过的决定。有很多复杂因素需要考虑，但不管怎样，你最终还是做出了有效决策。想想你运用了什么智能来做出最终选择。只是基于头脑逻辑吗？你跟随心的感受了吗？或者是腹的直觉本能让你做出了最后抉择？你的几个脑之间达成一致了吗？

现在，对比一个最后结果不怎么理想的决定，一个当时看起来不错但是现在你意识到不明智的决定。你的哪些脑参与了做这个决定，以什么样的顺序参与了决定？哪个脑没有参与或者你没有听从？这与成功决策的情况有什么不同吗？

生命问题的暗示

现在你知道有三个不同的神经网络在工作，每个都有各自的智能，每个都有各自的首要功能。这些研究发现的意义越来越明显。我们的经验是，当人们的多个脑不能完全协调一致时，会有5个主要问题出现，我们称之为三脑统合技术统合限制：

1. 当一种智能习惯于排除其他的智能；
2. 当一种智能淹没或者压倒其他的智能；
3. 当一种智能不恰当地做其他智能的主要工作；
4. 当三种智能中的一种或者几种相互冲突；
5. 当这些智能一起工作，但是工作顺序有误。

理解这几种情况的最好方法是看看生活中的真实案例。除了公众人物，为了保护隐私，我们改变了姓名和能识别身份的细节。

案例研究——克雷格

表面上，克雷格是一个非常有成就的管理者。他担任了一个大型组织的高级管理职位，以他优秀的洞察力和分析能力而为人所尊敬。克雷格找到我们，因为他虽然表面上看起来风光，但是非常痛苦于不能在工作和生活中与他人建立深入而长久的关系。在工作中，克雷格为他的同僚和下属所尊敬，但是在我们的三脑统合技术教练过程中，他承认："我的障碍是对领导他人没有多少激情。我不是一个有激情的人。坦率地说，我并不认为自己很好地激励了团队。我能很快地知道需要做什么，但在很多情况下，我并不能找到将团队聚拢在一起的方法。我就是感觉不到每个人都在谈论的团队合作是什么。看起来我好像错过了什么，但是我不知道它是什么。"

克雷格的问题是一个典型的排除心脑和腹脑，只使用头脑的例子。没有与他人的连接、渴望和激情这些心脑的能力，他无法与他人建立感情上的联系。他人也下意识地感觉到了这一点。鼓舞他人需要心脑这个智能中心的参与，而这恰恰是克雷格所缺乏的。

克雷格说："有时我很难被激励。我知道应该做什么，也能做得非常好，但是很难被激发。"再一次，他对于头脑的过度依赖，使他缺少了腹脑才能激发的行动动机。对于克雷格来说，没有心脑和腹脑的参与，挑战更像是一种没有意义的生命过程。像克雷格一样的人，会发现生活得特别不真实，因为他们的决策都没有与深层的价值观相连接。根据我们的经验，主要依靠头脑而排除其他两个脑的人，通常非常理性并且对于保持现状有充分的理由，但实际上，如果他们与自己其他的两个脑连接，便会发觉这些并不都是正确的。

案例研究——詹森

当你的一个脑陷于困境或总是凌驾于其他脑之上时，会发生什么？詹森，一个就职于跨国公司的36岁的执行助理，申请进行了三脑统合技术教练，他的谈话很快变成了一个与心紧密相关的问题——亲密关系。"我发现最近很难集中精力工作，因为我刚刚经历一次艰难的分手，与相处了两年的女朋友。我开始怀疑，经历了两次婚姻，我的生活是否有种宿命的模式。有句话是'爱是盲目的'——多好的一句话啊！我真的开始认识到，这也许是对的。我认识了一个女孩，坠入爱河，我的心告诉我去信任她，相信她所说的每一句话……但是我的大脑却在一边冷静地观察，有时我的肠胃会冒出一个细微的声音，'喂，当心，也许有什么不对的地方'。但你能怎么办？最终你必须跟随你的心，它纤柔易碎——但是你必须冒这个险。一旦你做了决定，你必须把它放在一边，停止忧虑！"

在詹森的案例中，他将自己深陷在与心的渴望和连接中，忽略了头脑和腹脑所传递的信息。这导致了一种对于亲密关系的不良决策模式。他很年轻就结婚了，3年后，当他的妻子另有所爱时，他的第一段婚姻结束。没过多久，还在恢复过程中的詹森又恋爱了，一年后再婚。这段婚姻持续的时间要长一些，因为他从第一次的失败中学习到一些事情。他非常努力，尽其所能地保持这段婚姻。但是他选择了一个确实不适合他的人。他最近的一段感情根本没有走到谈婚论嫁的地步。对于詹森，我们让他认识到他过度依赖一种脑的模式，并且帮助他通过三脑统合技术过程，来平衡和统合他多个脑的智慧。

案例研究——梅丽莎

何时以及如何来信任你的腹脑，对于很多人来说都是个问题。腹脑具有智慧而且非常敏锐，但只限于它的首要功能领域。如果你尝试用腹脑来处理其他脑的首要功能，你的生活可能会一团糟。就像罗伯·高登在他的电影《高保真》所说的，"坦率地讲，从14岁开始，我就开始倾听我的腹，但我得出的结论就是腹根本就没有脑"。当然，如果你不能正确地使用你的腹脑，这就是你得到的结论。

梅丽莎，一个30多岁的人力资源经理，因为面临行为冲动和暴饮暴食的问题，找到三脑统合技术教练。她说："我哪里有些不对劲，我就是无法控制自己。我不是一个强迫型的人，但我就是停不下来吃东西。如果我看到一盒饼干，我就会把它都吃完。在任何事情上我都会如此。"

梅丽莎就是用她的腹脑来寻找价值观的，而这通常应该由心来完成。她身体中充满了对事情、生命和体验的饥渴，而不是用心感受的愿望。她不停地吃，直到填满一切。她来到我们办公室，强烈地想要解决自己的问题。比起心，她给腹的各种功能投入了太多的关注，而这导致了她的放纵、强迫和控制困难。

然而，这并不是说梅丽莎用她的腹脑去做每一件事，她肯定也用她的心去连接及感受其他基于心的感情。只是说她用腹来决定生活中她需要什么、什么对她是重要的，而这通常是心脑的首要功能。她的腹主要是根据饱还是饿的感觉来做决定。对这一点，我们问到她的时候，她说："是的，我确实感受到与他人的爱和连接。这种感觉确实在心里存在。但可笑的是，我的朋友都是点头之交，没有谁能够保持长久。就像我饱了，就需要歇一会儿。这对我来说没什么，但是对于一些关系亲密的朋友就很有问题。"你能看到梅丽莎确实用心脑来连接和处理关系，但是她最重要的最有价值的关系是按照对待饥饿的方式来处理的，所以当她与他人发生联系时，想要"消化"他们及与他们友谊的企图心就会高于一切。一旦她得到了，就像腹的饥饿感一样，她就不会觉得与他们连接有多重要了，而是再去发现下一个冲动体验。她是一个典型的用一个脑去执行另一个脑的首要功能的例子。

有组织的环境下，用腹脑来解决心脑问题的通常是 CEO，他们一般对于增长和扩张有很大的胃口。他们往往敢于冒险，偏好行动，充满激情地追求并购。他们通常拥有最大的办公室、最好的衣服、最昂贵的表和动力最强的汽车，如果向他们直接汇报的人累趴下，他们会毫不留情地换掉。对于他们来说，人就像资源一样，是用来消费的。

案例研究——弗朗西斯卡

弗朗西斯卡的案例比较复杂，显示了三脑统合的两个重要限制：不同的脑发生冲突以及各个脑的顺序很重要。

弗朗西斯卡并不开心，不是她对于特定的什么事感到愤怒或者悲伤，而是她总被忧郁和没有希望的感觉所困扰。她解释说："我被卡住了，我痛恨我的工作，但是我能做什么呢？收入很不错，我需要为孩子们上私立学校付费，房屋按揭需要支付。从许多方面看，这都是一份好工作，很棒的公司、很好的工作保障、很优秀的团队。但是坦率地说，我真想做点不一样的。我一直想做一个园艺师，但不知如何开始，也不知能否以此谋生。辞去现在的工作、靠自己来做这样的事情需要冒太大的风险。我过去总认为自己很有创意，但现在我很怀疑自己是否如此。总是日复一日地做同样的工作，我感到很麻木。我过去认为我是一个很有成就的人，但现在……我不知道我擅长什么，除了支付账单。"

让我们解构一下弗朗西斯卡的三脑过程方式（结构和流向），在三脑统合技术中，这被称为神经序列编码。对于弗朗西斯卡来说，她的头脑认可经济上的安全感的需求，从而按照好的收入、安全保障等条件来选择工作。然而，她的心并不满足，想要追求更有激情的事情。她更愿意做一个园艺师，让自己的创造性发挥出来，但是她的心脑、腹脑和头脑是矛盾的。

当想到这些时，她的腹感觉到危险和经济的压力、生存的问题，所有这些担心阻止了她为追寻心脑的激情而采取进一步的行动。这些导致了认知的不和谐，也降低了她的核心认同，从而进一步增加了腹脑的焦虑，最终导致了她头脑中比较低的自我认知并让她失去自信、失去心灵。

很不幸，这就是我们许多人都熟悉的模式。他们越是抑郁，越是被困其中，就越是陷入下降的螺旋而不能自拔。

梦想无边界——心优于腹

我们将通过分享一个伤感但非常神奇的故事结束本部分关于三脑统合技术一致性的探讨。这个故事讲的是，当没有以统合的方式使用三脑时，将会发生什么。

艾米莉亚·埃尔哈特是一位女飞行员，她曾经创下无数的飞行速度和飞行距离的纪录，也是第一位无间断独立飞越大西洋的女性。她激励人心的故事被拍成电影《艾米莉亚》，描述了她奇迹的一生和最终的死亡。

艾米莉亚曾经说过一段非常著名的话："如果人们有心于此，每个人都有需要飞越的海洋。这很莽撞吗？或许吧，但是梦想又哪里有边界呢？"

艾米莉亚的激情、梦想、心中的目标是飞得更高、更远，超越任何已有的纪录。她想成为第一位环球飞行的女性，她知道这很危险，也很莽撞。但是她追随自己的心，无视她的腹脑传递的危险信息。喔，对她的生活来说，这并不明智或者平衡。

她还有一句名言："我知道存在的风险，我做只是因为我想。"

"想"是基于心的，想要、梦想、激情的目标和渴望都是心脑负责的首要功能。你可以看到，她以生命为代价，忽略了目标的风险。

在她环球航行的最后航程中，在飞机上独自度过 32 个危险、疲顿、孤独的日子后，她最终消失在大海上，再也没有出现。一个美丽而励志的人，一个悲惨哀伤的结局。三脑不能协同或者不能以合适的方式工作会付出很大的代价。

协同三脑的三脑统合技术导图

我们一直在说协同统合你的三脑。然而，我们发现，对于许多人而言，这产生了许多的问题：

我怎么知道是否需要以及何时需要协同我的三脑？

如果它们不协调，我怎么能让它们协调一致呢？

如果它们不想一致，我该怎么办？

一旦已经让它们协调一致，再做什么呢？

为什么我对处于第一的位置很困扰？

为了回答这些问题，我们开发了三脑统合技术导图。它给出了细致的架构，这个架构概述了与三脑协同工作时清晰的发展路径。

何时调频以协同一致

在进入导图的细节之前，有必要花点时间总结一下何时应该让三脑一致。你可能某种程度上希望你的三脑在任何时间、任何地点都能协调一致，特别是在有些情况下，你的三脑能协同工作是至关重要的。

有 9 种情况需要确保你的多个脑是协调一致的：

1. 目标 / 结果设定

2. 决策
3. 解决问题
4. 激励和行动实施
5. 加强直觉
6. 培养理解力和视角
7. 确立关系
8. 个人发展、学习和行为改变
9. 健康和幸福

没有达成一致的特征和迹象

以下这些线索提醒你——你的多个脑没有协调一致：

- 你体会到想法、感觉、行动的不一致在你内心的挣扎
- 你没有追随你的梦想、目标和计划
- 你按照不想要的习惯，做着不喜欢的事情，但不知为什么很难停下来
- 你发现很难做决定
- 你觉得很难激励自己采取行动
- 你阻挠自己去完成目标
- 你长期经历沮丧、抑郁、愤怒、焦虑等不良的情感状态

高层次导图

协调一致和统合需要很多的步骤和功能。它需要你的三脑之间沟通，而且必须按照一种最理想的顺序来进行。你的三脑必须进入一种一致的状态，而这种一致是在每个脑的首要功能都最大化的基础上，即所谓的"至高呈现"上实现的。所有这些都需要在智慧的框架下引导完成。

现在，已经有了这么多有深度和有层次的信息，让我们根据三脑统合

技术导图来按图索骥，通过这个过程来更好地了解它是如何工作的。

总结起来，三脑统合技术导图包括：

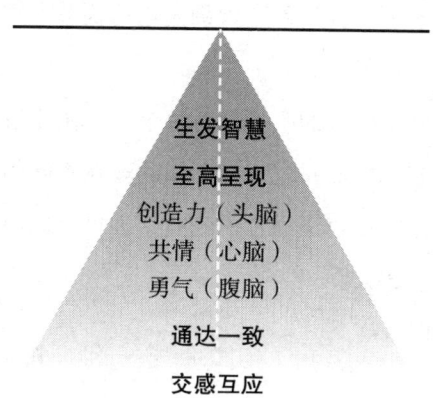

沟通

假定你已经认识到三脑一致的重要性和价值，那第一步就是建立你的三脑之间的沟通并且引导三脑之间的沟通。

请记住，每个脑都以不同的语言，根据它们的首要功能以不同方式向你诉说。

为了引导与多个脑以及它们之间的沟通，你需要掌握在接下来的章节中谈到的技能。

一致

这是关于三脑之间的协调一致的。它的目标是消除三脑之间的任何矛盾，保证它们彼此和谐并在功能上共同支持统一的结果。

为了做到这一点，你需要与神经统合性参与（NIE）和神经集成块（NIB）协同工作，下一章我们将更多地讨论到这一点。

至高呈现

现在所有的脑处于一致的状态，你想要保证每个神经网络都处于它功能最大化的良好状态下。我们称这种最大化的状态为每个脑的智能的"至高呈现"。

请注意，没有一个单一的明确的对每个人、在任何情况下的每个脑都完全正确的至高呈现。然而，也许对不同的人在不同的情境下，有不同的至高呈现，我们只是提供以下通常的模式，你可以此为基础开始探索、应用并解决生活中的主要问题。

三脑的至高呈现是：

- 头脑——创造力
- 心脑——共情
- 腹脑——勇气

这个创造力、共情和勇气的至高呈现是古代智慧、行为建模和实践经验的综合。

创造力

我们指的创造力并不是横向思维或者跳出旧的思维模式，我们指的是创造性的过程，通过这个过程你会持续不断地生发出新的思考，这些新的思考真实地表达出你是谁。它涉及你如何提出并构建你自己的主观现实并由此创造出自己的世界，它也事关你如何对事物赋予意义和保持觉知。它来源于你对所选择的生命状态的觉知，对你是自己生命之书的作者的觉知，对不管你身处何种境况都去真实生活的觉知。

共情

许多人可能用"爱"而不是"共情"这个词来代表心脑的至高呈现。

我们特意选用了"共情"这个词，因为它不仅包含了爱，还包含了与自己、与他人连接的方式。

共情由两个词组成，"共"是指一起，而"情"指的是一种强烈的感觉。它包含了爱（爱是一种美德），是一种建立深层社会联系的目的。共情超越了仅仅关注自我，激发了减轻他人痛苦的渴望。非常重要的一点是，对他人的关心和爱确实与对自己的关心和爱源于同处。

勇气

如你现在所知，腹脑的首要功能是从生理上保持你的核心身份认同感（生理上决定什么是"你"与什么是"非你"），使你远离危险和伤害，让你根据当时的情况采取行动或者选择停止（回击、逃跑或者什么也不做）。因此，腹脑内在智慧的至高呈现可以称之为勇气。

勇气是在害怕时你仍然能够采取行动的能力，是你（身份）尽管感到害怕（在认识到有危险、缺乏安全、受到伤害的威胁的时候），但仍然能够采取行动。

没有勇气，我们将不能针对梦想和目标采取行动。我们会太恐惧于任何未知的、不确定的或者不熟悉的事情而畏惧不前，不能过上真正想要的生活。没有勇气，改变现状只能是空话或者昙花一现。

有了勇气，你的腹脑能够激发你按照最真实的自己采取行动，表达你最深层的自我感受。

生发智慧

生发智慧，是我们让三脑协调一致的收获。生发智慧并不是什么特定的事物，而是一个呈现出来的品质。它是当你的三脑都达到功能最佳的状态时，对所有脑的角度和看法都能够有效掌控的一种结果。

通过统合三脑而生发的智慧现在被用来解决很多领域里的问题，例如决策、行动实施、问题解决、强化直觉、学习和反思等。

总结

三脑统合技术导图就是一个简单而强大的用来统合你的三脑的架构。它使你能够快速掌控三脑的智慧，让你以最佳的生命状态更智慧而真实地活着。

三脑统合技术导图为以下过程提供了框架：

1. 与你的三脑建立沟通。
2. 协调一致，使三脑都能够对手头的工作做出合适的、符合各自首要功能的反应。
3. 确保每一个脑都能够以至高呈现的方式运行。
4. 将这些至高呈现用在决策和行动实施上，获得更高深的智慧。

接下来的章节中，我们会继续探索三脑协同工作的下一个层次的内容。学习到每个脑的详细核心能力，运用这些核心能力，三脑可行使它们的首要功能。同时你也会学习到你的脑运作的两种模式。

mBraining
——三脑教练——
运用三脑做酷事

第三章
三脑的核心能力

三脑统合技术导图给你提供了一个简单却强大的工具，用来协调和统合三脑，并且运用三脑的智慧来处理问题或者达成目标。接下来的章节将带你更详尽地步入导图中的每个阶段。在这之前，需要介绍另一个概念，我们称之为"三脑核心能力"，它让你与各脑协同工作的过程具有高度的精确性和洞察力。

三脑核心能力

对三脑核心能力的理解能够帮助你快速了解每个脑是如何通过外在的行为来行使其首要功能的，然后你就能区分这些行为是增强还是削弱了你的能力，让你能够活得明白而且拥有整体幸福的能力。如果三个或任何一个脑没有达到最佳的状态，你就会知道自己内在需要改变什么，以使每个脑都能够最大化地行使它的首要功能。

本章有相当多的技术信息，我们会尽力让它便于理解吸收。

然而，你并不需要知道这些核心能力框架背后的技术细节，你需要知道的是这些核心能力下面的主要组织原则，特别是当你按照三脑统合技术导图引导自己或他人，想要做到非常精细、准确时。

这一章我们是为那些像我们这样喜欢技术内容的"神经技术极客"准备的。

自主神经系统的角色

了解自主神经系统（ANS）的作用以及它是如何影响各脑功能的，对更好地调动三脑会非常有帮助。比如，心脑可能会在某种特定的情况下，通过表达悲伤或欢乐的情绪来行使其首要功能。悲伤和欢乐是两种基于同一首要功能的完全不同的表达。是什么造成了这种不同？将减少活力的表达转变为增加活力的表达，我们能做什么？为了回答这些问题，我们需要看看你的自主神经系统。

你的神经系统有两个主要的部分，即非自主神经系统和自主神经系统。非自主神经系统主要处理运动和感觉。自主神经系统则对非主动的内脏和身体功能的控制负责。它所控制的功能包括：

- 心血管；
- 呼吸系统；
- 消化系统；
- 泌尿系统；
- 生殖功能；
- 身体对压力的反应。

之所以称之为"自主"，是因为很大程度上它自动发生，且不受意识的控制。它被分为两个分支——交感和副交感系统。这两个部分以一种精细的互利（通常）又相互对立的方式工作。简单来说，交感系统可以称为

"进攻或逃跑"系统，它使身体在有压力和危险的情况下工作。副交感系统是"进食和性行为"的武器。它控制着进食、繁殖、休息、睡眠等植物性功能。副交感系统同时发挥与交感系统的持续相反的作用，以使整个系统保持在平衡的状态。

在有危险和压力的状况下，交感系统介入，它具有快速反应能力并使你投入行动来解决问题。而慢一些的副交感系统在危险过去后开始运行，让你恢复到常态。没有副交感系统的反作用，你的身体会保持在极度兴奋状态，消耗能量和体力，最终使你精疲力竭。

【一种简单识别两种系统的方式是：记住"副"的意思是之外或者超越，因此，副交感系统是在交感系统之外工作并使其回归常态。所以，只需要记住，交感系统选择进攻或者逃跑，副交感系统在压力产生后介入，使人回归常态。】

共同主导，作用相反

你需要知道交感系统和副交感系统的原因是它们激活了你的心脏、腹和头。在你的两个大脑半球、心脑、腹脑以及自主神经系统的交感和副交感神经之间，存在着大量的连接。同时，由于自主神经系统的这两个部分的运行方式截然不同，如果其中一个主导了整个过程，我们各个脑之间的工作模式就会显著不同。

在肠中，副交感神经活动使肠蠕动，促使静止时营养的吸收。而在高强度的体力劳动时，交感神经活动则会抑制此类活动来保证运动所需的能量。副交感神经活动一般情况下都是减缓心脏活动，而交感神经活动则起到加速心脏活动的作用。

你会发现一个强大的功能运行规律，即在你整个身体的自主控制系统中，相互对立的过程在同时运行。你的各个脑可以在交感神经主导、副交感神经主导或者两者共同主导的方式下运行，但其中的一个系统与另一个系统作用相反。你可以通过观察每个系统活动的细节清楚地看到这些相互对立的活动过程。

交感神经激活

交感神经系统的活跃有如下的反应：

- 扩张瞳孔，打开眼睑
- 刺激汗腺
- 激活大骨骼肌中的血管
- 收缩身体其他部分的血管
- 提高心率
- 放松并打开肺部支气管
- 收缩膀胱括约肌并放松膀胱壁
- 关闭并控制消化系统分泌物
- 引发非自主排便
- 与大脑右半球激活相关联并支配头脑

副交感神经激活

副交感神经系统的活跃有如下的反应：

- 收缩瞳孔
- 激活并增加唾液腺的分泌
- 降低心率
- 刺激胃分泌
- 收缩支气管并刺激肺分泌
- 刺激胃肠道活动

- 参与性兴奋
- 与大脑左半球激活相关联并支配头脑

【对于已经学习过神经语言程序的读者，请注意上述的活跃反应是一些重要的感官线索，它们能够用来完善你对他人的观察，也让你对自主神经系统的哪个部分被调动了有更多的理解和辨识。】

对于交感和副交感神经系统活动，真正有趣的是通常它们都相互对立地运行，但其实并不一定如此。在一些情况下，它们能在一个或另一个主导，或是两者都主导的慢性模式下运作。你会很快发现，当你的脑在交感或副交感神经主导的方式下运行时，它们会接通不同的心理状态和核心能力。

自主神经系统的平衡

副交感	- - ➤ ◄ - -	交感
副交感	- - - - - - ➤	交感
副交感	◄ - - - - - -	交感
副交感	◄ - - - - ➤	交感

身体的通透——不同系统间的平衡

上图总结了你的整个系统运行的 4 种模式。最上面的那个模式显示的是：当你的两个系统平衡和谐时，当你处在一种称为"通透"（下一章会更多介绍）的强大状态时，你能够对这个世界做出最佳的回应，而这种模式与欢乐、幸福、安宁和放松等感觉相联系。

交感神经主导

接下来的这种模式是交感神经系统占主导地位。这是一种有压力和危险情况下的反应机制，在这种模式下，你会使用到一些能力，使你通过"攻击或者逃跑"的过程来回应，这些"攻击或者逃跑"的过程有愤怒、攻击、防卫、回避等。这一般与一些压力情况下的生活方式相对应，比如承担太多的工作、对于不能控制的事情过度担心等。

副交感神经主导

第三种模式是副交感神经系统占主导地位。就像我们先前看到的，这是一种让你的神经放松下来的状态，也就是使你从交感神经主导的紧张状态中放松下来。然而，在某些情况下，副交感神经主导的状态可以被逐步地激活而引发退缩、压抑、失望以及降低你所有生命机能的功能要求。在这种状态下，人非常容易放弃并且生活在无助和无望感中。不良的节食以及食物、水和空气中的有毒金属和化学物质都能导致副交感神经系统支配下的此类问题。

副交感神经的过度主导也可以激活一些急性应激状态，就像是对强烈的交感神经反应的过度应对，并且导致所谓的副交感神经反弹。而其引起的"冻结"反应，在极端情况下，可以造成心脏完全停止跳动而死亡。这就是所谓的死于惊吓和害怕。

混合主导

一些情况下，交感神经和副交感神经可以在人体内同时以一种高度活跃的状态并存。当它们处于相对平衡的状态时，人所呈现出来的状态类似于上述的第一种模式。然而，在混合主导的模式下，系统处于一种所谓的"亚稳定状态"，可能非常快地从一种状态转移到另一种状态。两种系统相互作用，彼此斗争，支配方式可以快速地从一个极端转换到另一个极端。

一些研究者认为，这种模式可能与躁郁症相联系，包含了从狂躁到深度抑郁的快速转换。这种状态肯定是不健康的，它是对系统的控制力减弱的表现。

> **有趣的事实：**
> 交感神经和副交感神经控制着你的自主神经系统，从而控制了你的三脑的运行模式，并影响着它们各自的核心能力。

找到三脑的核心能力

最新的神经科学研究发现，我们有三个智慧神经网络，即三脑，这三脑可以在交感和副交感神经支配的模式下运行。就像第二章所重点讲的，根据这些发现并结合行为建模的过程，我们在不同的领域寻找一致性的证据，来解码我们的各脑如何沟通、统合并行使功能，以生发出我们对现实的认知。

我们发现，每个脑都有一系列的首要功能，而这是通过每个脑的一套核心能力运作的。由于自主神经系统在各个脑运行过程中的参与，我们发现，这些能力自然地沿着交感神经和副交感神经的两个轴线分组，并达到平衡。一旦将这些能力放入一个组织好的结构中，呈现出的结果会使我们大吃一惊。

证据表明，与每个脑相关联并受到各脑制衡的核心能力包括以下几大类。

心脑——核心能力

副交感神经主导	平衡一致	交感神经主导
情绪麻木	平和/谅解	愤怒
绝望	希望	孤注一掷
悲伤	喜悦	发狂/躁狂/歇斯底里

续表

副交感神经主导	平衡一致	交感神经主导
盲目信任	信任	不信任
孤独	连接	防卫
情感不被打动	感激/感恩	义务
不关心/冷漠	共情	报复
感情不投入	镇定/有安全感	妒忌/无安全感
冷漠	爱	憎恨
自我中心	慷慨	贪婪/贪心
情感上盲目	情感上的真实/智慧	多变/说谎/情感上欺骗
无目标	激情（梦想、志向、价值观、目标）	走火入魔

腹脑——核心能力

副交感神经主导	平衡一致	交感神经主导
欲望	饥饿/饱腹	恶心
镇静/休眠	行动/勇气	冲动
习惯/适应	意志力	强迫/催促
害怕—冻结/退缩	胆量	害怕—攻击/逃跑*
倦怠/抑郁	放松/平静	焦虑
自我维持	健康安乐	自我破坏
沮丧	本能直觉	肠骚动

* 交感神经对冻结的警示性回弹。

头脑——核心能力

大脑左半球 （副交感神经）	平衡一致	大脑右半球 （交感神经）
通过时间定位	活在当下	不受时间支配
脱离	元意识/元认知	主观现实
单一现实	平衡的见解/统合的观点	同时存在多个现实
脑力循环	流畅状态	脑力/思维跳来跳去
思维聚敛	创造力	思维分散
固化	好奇	精神发散
逻辑结构化	学习转换/衍生式学习	生存/市井式学习

【我们并不是说这些是每个脑所控制和表现出的唯一能力和状态。人类是非常复杂且具有适应性的生物，能够以多种多样的方式，去创造几乎任何他们想要的行为。当然，工具使用不当也是非常有可能的，我们并不否认一些人可能已经学会并以非常规甚至非理想的方式使用他们的某一个脑。然而，上述是我们通过行为建模和研究证据所得出的一般分析结果。我们的建议是，这些能力是各个脑的核心能力。从各种证据所显示出的一致性来看，起码这是每个脑所做的首要工作。同样，从我们的经验来看，普遍情况下，它们是关键的状态和能力，这种能力能够实际有效地促生变化。】

综合前面的内容

现在让我们回到三脑统合技术的首要功能，理解这些功能是如何通过上述列出的能力而实现的。这之后，我们要快速回顾一些我们的研究发现中最酷、最有影响力的证据。我们也会深入一些如何运用核心能力的案例以及现实生活中的应用案例。

心脑的首要功能是关系上的影响。它是指人与人之间的深层连接，以及与此相关的状态和心所感受到的情绪。看看上述的心脑核心能力，你能看到许多能力、技能和状态是用来建立关系和连接的吗？诸如信任、连接、感恩、欣赏和共情等能力显然是建立亲密、有意义的关系的关键。反过来说，交感神经支配的能力（例如不信任、防卫、报复和嫉妒）破坏了心与心之间积极的连接并导致亲密关系的破坏。

腹脑的一个非常重要的功能是激发。请注意饥饿、渴望、勇气和意志力是如何让你行动起来的。它能要求腹脑采取行动，特别是在害怕或者不确定的状态下。另外，副交感神经的镇定、冻结、倦怠和退缩等功能将使你困于对自己有害的状态。

如果我们现在回到头脑，其首要功能之一当然是思考。我确信，你一定会认识到，对生活最佳的思考一定会需要创造力、平衡思维和元意识的参与。如果这些能力中的一个或所有的都缺失或者功能受损，你会发现自己思维混乱或者脱离实际，从而导致麻烦。

三脑核心能力对于你全面地领会它们的价值是非常有帮助的，这些核心能力是导航图，帮助你了解需要做什么使各脑在高层级上有效地协调一致。

用于诊断

作为一个诊断工具，这些核心能力会帮助你识别：

- 哪个脑是你问题的核心，你的各脑是如何相互支持或者相互冲突的？脑的行为表现是过于交感还是过于副交感，需要什么样的模式使其回到更加完善和更加合一的状态中？
- 在脑功能发挥作用的模式下，什么办法是有效的？什么是无效的？
- 为了更好地解决你的问题，你的每个脑的最佳或者更合一的行为表现是什么？

作为校准调整工具

作为一个校准调整的工具，这些能力帮助你决定：

- 包括所有脑在内，什么样的行为表现组合促进或者阻止了协调一致和统合的发生？
- 对每个脑来说，什么样更加一致完美的行为表现组合使你能够更明智、更有效也更加真实地处理自己的问题？

如何运作

如何运用这些核心能力的框架呢？首先，我们看到在这些列表中，根据所关联的神经网络，三种核心能力被分成了不同类别。通过识别哪种核心能力最符合你的主观体验，联系你正在面对的问题，你会很快知道三件事：

1. 对于你的问题，哪个（些）脑在发挥作用？
2. 有哪些首要功能发挥了作用？
3. 三脑能力是以哪种方式表现的（交感方式、副交感方式还是平衡方式）？

你如何知道最后这一点呢？因为能力是按照如下顺序排列的：

副交感神经过度支配——一致/平衡状态——交感神经过度支配

一旦你知道了上面的顺序，它就会告诉你：

- 什么方法对你有用，什么方法没用（比如，你不能让一个处在过度副交感支配的害怕—冻结反应中的人去采取行动或者开始做一些不一样的事情）？
- 为了达到一种更和谐平衡的状态，需要做什么（例如在前面的案例中，你需要首先柔和地启用交感神经系统）？

- 你所追求的目标是一种什么样的理想的合一平衡状态（比如表中所列出的核心能力）？

三脑的核心能力列表，是以一种通用的顺序方式列出的。这种排列方式会使你发现这种合一状态所产生的变化对你的日常生活是否有帮助，从而探索出一种你自己（或其他人）可能的发展道路。

现在，我们通过一个行为研究的案例来看一下这一过程是如何实现的。

案例研究——玛丽

23岁的玛丽是在一个好朋友的怂恿下不太情愿地来做三脑统合技术教练的。玛丽的问题是她在生活中无法得到激励，她只是毫无目标地随波逐流，尽管她的朋友催促她去尝试，去做更多，但她总是认为生活规划和目标设定等事情都毫无意义。

探究玛丽的成长背景后，我们发现，很多年以前，玛丽的父亲与一位新伴侣恋爱结婚，这位控制欲极强的伴侣对玛丽的父亲与女儿的亲密关系非常妒忌、怨恨，所以玛丽遭到了父亲的强烈排斥。更复杂的是，玛丽的爸爸在玛丽6岁时母亲去世后独自把她抚养长大。

在对玛丽朋友单独的调查中，她说："玛丽一直都是父亲眼中的小苹果，直到她的继母出现。对于玛丽，父亲就是她的全部，但是父亲结婚之后，被控制欲极强的继母所挟，父亲收回了对玛丽的爱并且开始对玛丽严厉、疏远。可怜的玛丽被父亲伤透了心，我能感觉到她的自尊心也受到了严重的伤害。可以这样说，她与男人连接的能力消失了。不仅如此，她与生活也不再连接。她过去是如此有活力。她有自己的人生计划。她聪明，想要去上大学，展开自己的职业生涯。但是自从父亲结婚后，她看起来就迷失了，随波逐流。对于自己的人生，她什么也不做，这真是非常令人伤心，我真希望自己能帮上什么。"

在对玛丽的调查中，她承认自从与父亲疏远后，她失去了生活的动力，特别是放弃了梦想、目标和决心。谈话中她提到："我找不到任何生活中想做的事情。我确实看不到生活的目标。我是说，目标的意义在哪里。"玛丽非常认同自己对于生活并没有做什么，也没有什么目标。更糟糕的是，问题发生后，她的体重直线上升，寻求食物的慰藉给她造成了更大的伤害。

应用核心能力框架，很容易看到与玛丽的情况相关的主要能力是基于心的：

1. **爱**——连接，亲密，依恋
2. **激情**——价值观，梦想，目标，愿望

她的心脑被激发到了一种强副交感支配或者消极状态，在这种状态下，第一种能力（爱和连接）无法再调节第二种能力（激情和价值观）以达到平衡。失去了爱与连接，她进入了一种三脑统合状态，在这种状态下，她不再渴望去实现价值观、梦想和愿望。从三脑统合技术的角度看，这种状况一点都不奇怪。

如果负责这两种能力的脑陷入了一个负向螺旋中（在玛丽的例子中，是她的心脑），两种能力都会减弱。本质上，玛丽变得"心灵封闭"并且"心硬如铁"以保护自己，这种方式与她的心脑处在过度副交感神经主导的状态是一致的。

对核心能力框架的进一步研究，也解释了玛丽的情况，缺少了激情、梦想和渴望，她的腹脑也失去了改变生活的动力。这一框架也向我们揭示了副交感神经主导下，她如何被带入一种饥渴的状态，从而导致她的冲动性暴饮暴食。

发现练习：自我意识

在这个发现练习中，你会学习运用三脑核心能力框架作为自我觉察的工具，去体会在真实情境下各脑是如何运作的。

觉察

1. 定义一个对你来说有挑战性的目标、决定或者问题。

2. 感受你的主观体验，盘点你的头、心和腹三脑中正在发生什么。

3. 给你主要的主观体验贴上标签（比如悲伤、困惑、惊恐等）。你可能会用几个词来描述自己的整体状态，因为对于你的问题，你的三脑中可能会有一个、两个或者三个都在积极表达自己。

发现

4. 查看所列出的三脑核心能力，找到与你的标签最接近、最符合的一项或几项。

5. 标注你的问题驻留在哪个（些）智能中心/脑里，自我评估一下它试图行使哪项首要功能。如果你的问题涉及不止一个脑，反思一下两个脑及其相关首要功能之间矛盾的本质。你能发现什么吗？

诊断

6. 从这些发挥作用的能力出发，检视哪种模式占主导地位。你的状态是在交感还是副交感神经模式下？反思一下，什么样的信号能够显示你处在过于兴奋/压力状态或者过度抑制/退缩状态？这也是你在生活的其他方面遇到类似问题时所采取的同样的处理模式吗？

7. 探索一下，还有其他什么办法能激发你的警觉或者放松反应，用来平衡当下的行为表现（能力）。

平衡

8. 找到你目前活跃能力所属的一致/平衡状态。

9. 探索实际体验中那种和谐平衡的状态是怎样的，以此作为你管理交感—副交感神经系统的参照坐标。

对于步骤9，可以通过运用三脑统合技术导图以及与其相关的技巧与方法，找到更加完善的实现措施。本书余下的章节也会涵盖这方面的内容。

请记住，你的三脑中的每一个都能在4种不同的模式下运行：

- 交感神经主导（兴奋/压力状态）；
- 副交感神经主导（抑制/退缩状态）；
- 亚稳定状态（交感神经和副交感神经都处于使用过度或者相互斗争的状态）；
- 和谐/平衡（最理想的功能运行）。

三脑核心能力框架能够让你快速了解与你的问题相关的各个脑是如何运作的，你所需要的具体的和谐平衡状态是什么样的。三脑统合技术导图能够让你通过统合协调各个脑，在它们都达到最佳的平衡/一致状态下来利用这些信息。当这个状态发生时，奇迹就出现了！

心脑

心脏搭桥手术后，性格发生改变

有许多研究发现，心脏手术会导致性格的改变，包括情绪多变、易怒、伤感、非理性行为、发火、游离、情绪平淡、感觉孤单并且失去对目标的兴趣。这些也被过去大量的关于搭桥手术患者的报道所证实。在网络论坛上，下面这样一些患者配偶和家庭成员的评论很常见：

"我丈夫刚刚进行了三枝冠状动脉搭桥手术，他不再是以前那个人了，性格发生了很大的变化。我都不认识这个人了，他无缘无故地火冒三丈，他也不记得手术前做过的一些事情。他看上去对任何事情都不感兴趣。"

"我也进行了三枝冠状动脉搭桥手术并且深受其副作用的影响。开始的几年里，我经常勃然大怒，对妻子、孩子发火。我说过一些心里想想就痛的可怕的话。我现在已经是术后第9个年头了，情况改善了许多，但相比手术前，我已经变了一个人。我感受快乐的能力被破坏，一直生活在恐惧中，倒不是害怕我死去，而是害怕使家人陷入窘迫的境地，在家人厌恶的状态下离开他们。"

"我丈夫 6 年前做了三枝冠状动脉搭桥手术。这之后，他变得疏离、易怒，他失去了快乐，忘记了如何去笑，与人不再有眼神交流。最可怕的是，毫无意义地对日常的小事发火。他开始撒谎，无视现实，总是抱怨一些事情。他唯一热爱的是食物，吃很多他不应该吃的东西，他胖了很多，也失去了手术前所有的乐趣。"

关于心脏手术后的性格改变，还有数不胜数的类似报道。

证据中的启示：心脏与它的首要功能区——连接、激情、价值观、情绪处理的能力相关联，如果遭受生理损害或者退化，它就下降到消极工作状态。以上你看到的是一些人压力/交感反应的证据，对于另一些人则是副交感神经的过度反应。

失望、抑郁、无望和冷漠与心脏疾病相关联

失望、无望、冷漠和临床抑郁等情绪与冠心病、心脏病、致命性心脏病、突发性心脏死亡等疾病息息相关，对许多群体的大量研究证实了这一发现。

研究还发现，高度的颈动脉阻塞与抑郁症状相联系，而在颈动脉支架植入手术之后，抑郁症状也得到了缓解。

证据中的启示：心脏处理情绪体验，慢性副交感神经支配的情绪诸如失望、冷漠等，如果长期存在，能够对心脏造成损害。心脏支架手术能够减少抑郁情绪，这表明心脏肯定参与了情绪的处理和调节过程。抑郁症状非常可能是心脑的一种沟通方式，用来告知头脑和腹脑心脏生理状况的异常。它同时通过情绪的调整来尝试抑制行为，从而将能量和氧气保存在心脏收缩的血管中。

愤怒和敌对等消极情绪会对心脏造成损害或导致冠心病

与以上情况相反，大量研究表明，愤怒和敌对等消极情绪会对心脏造成损害。例如在某个大型研究中，伦敦的研究者们详细回顾了 25 个曾发布的对健康人群患冠状动脉疾病风险的临床研究，以及 19 位已患该疾病志愿者的研究。那些在愤怒和敌意等项目上得分高的患者，与在这些项目上得分低的患者相比，患心脏冠状动脉疾病的可能性要高出 20%。这些综合性的回顾分析证实了先前的研究发现，即慢性的愤怒和敌对情绪与心脏病和冠状动脉疾病的患病风险相关联，即使其他原来就存在的风险因子得到了控制。

证据中的启示：心脏深度参与并且深受愤怒和敌对等交感神经支配情绪的影响。它并不仅仅是一个泵，还是一个智能运作系统，受体验的类型、它所采取的行为和情绪的影响。

压抑愤怒会对心脏造成损害

最新发表的研究发现，那些压抑自己愤怒的心脏病患者发病或者在此后的 5～10 年内死亡的可能性增加了 3 倍。该研究跟踪了 644 名冠心病患者，持续监控了超过 6 年的时间。结果显示，研究对象如何处理愤怒是一个显著的风险因素。

证据中的启示：心脏的一个主要核心能力是和平 / 宽恕和它的交感神经的对立面——愤怒。愤怒这种压力反应如果过度，会对心脏的生理功能造成损害。

低情绪能力和负面情绪表达与心脏病相关联

研究表明，对于情绪能力的几个方面，诸如使用和调控情绪的能力降低、负面情绪表达的频次增加等，与冠心病的发病概率增加有紧密联系。在最近的研究中，56 位冠心病患者和相同数量的参照组，都接受了情绪能力要素的测评，包括情绪感知、情绪调控、情绪表达以及情绪的利用。结果证实,即使其他的风险因子得到控制,情绪能力的几个方面(诸如使用和调控情绪的能力降低、负面情绪表达的频次增加等)与冠心病的发病概率显著增加也有紧密联系。

证据中的启示:心脏参与了情绪能力体现和情绪表达的过程,当它被强行要求处理和激活负面能力时,就会导致对自身结构的损害。

积极情绪是心脏疾病的解药

负面情绪损害心脏。根据一项大型研究,幸福、热情、满足等是心脏疾病的最佳良药。该研究的负责人卡琳娜·戴维森,哥伦比亚大学医疗中心药物和精神病学教授,建议可以通过提升积极情绪来远离心脏病。该研究在超过10年的时间里跟踪了1739名健康成年人的身体状况,欢乐、幸福、激动、热情和满意等快乐情绪都是衡量的指标。在该研究中,拥有高的积极情绪体验的人群明显更不易罹患心脏病。

证据中的启示:研究不断证实,心脏不仅仅是一个由压力泵和管道组成的简单器官,它还是一个参与情绪过程的高度智能的系统,也是一个对其自身健康有长期影响的持续运作的模式。研究同时也发现,心脑参与了像快乐、喜悦、热情和满足等积极类型的情绪。

信任你的心——情绪可能在做决策时更可靠

一项新研究指出,"相信你的心"或许对消费者来说是正确的。研究表明,让发自内心的情绪感受指引你做出决策或许是更好的选择。"如果一个人买房子,只是依靠再出售的价值等客观认知标准,可能买了之后并不开心",哥伦比亚商学院、加利福尼亚大学和杜克大学的研究者报告如是说。他们还指出:"我们的研究成果建议,为了获得长期的幸福,比起简单的原因分析,心能够作为一个更可靠的指南针发挥作用。"

证据中的启示:心能够尊重你的价值观,理解在你目前的世界观下,什么对你是真实重要的。心具有这样的智慧,你可以学着去信任它。

心的意识和直觉

一项在心理科学杂志上发表的研究表明，倾听你的心和把握直觉预感能够协助你做决策，但是决策的质量因人而异。研究同时表明，直觉的可信任度与我们身体的生理情况和我们对自己身体的感知度有紧密关系。

为了研究身体的不同反应如何影响决策，英国哥伦比亚脑科学研究所的巴纳比·邓恩博士和他的合作者，让实验参与者学习如何在一个他们从没有玩过的扑克牌游戏中取胜。该游戏设计为没有明显的策略，所以参与者必须依靠他们的直觉。玩游戏的过程中，每个参与者都戴着一个心率检测仪以及一个感应器来监测手指尖的汗量。大多数参与者都逐步找到了游戏中获胜的方法，他们承认更多地依赖了直觉而不是原因分析。参与者心率的微小变化和汗液反应影响着他们学习最佳选择的快慢。

有意思的是，他们身体所给予的建议、质量各有不同。一些人的直觉非常准确，他们很快就掌握了这个游戏获胜的规律。另一些人的身体告诉了他们错误的选择，他们就学习得很慢，或者没有找到赢的方法。邓恩和他的合作者发现，对于那些更能感知到自己心跳的人来说，预感和直觉决策之间的连接更强烈。所以，对于那些能够"倾听自己心声"的人来说，直觉让他们的决策更明智。邓恩博士认为，"我们的身体确实影响到了我们的心智"。

证据中的启示：心脏具有智慧，能够与来自头脑、腹脑和环境的信息相呼应，从而把握那些有意识的逻辑推理会忽略的微小线索。你的头脑和心脑之间的关系越和谐，你就越能够有意识地呼应来自心的信息，你的直觉就会越准确。

> **有趣的事实：**
> 你越能够理解心脏发出的信息，它就能提供越准确的直觉和智慧。

心脏移植患者的人格变化

有大量的证据表明，接受了心脏移植手术的患者的性格有显著变化，而且这种变化与心脏提供者的性格相一致。这些变化包括态度、脾气、忍耐力、人生观、对食物的口味、艺术品位、性倾向、休闲和职业选择等。

在一项对 47 个移植患者的研究中，有 6% 的患者报告移植后发生了显著的性格变化。而在另一项研究中，亚利桑那大学药学教授盖瑞·施瓦茨发现了确凿的证据，有 70 例的移植手术患者继承了捐赠者的性格特质。他说："我们所发现的这些事例证据有力而且连续一致。"

最广为人知的一个心脏移植患者继承捐赠者性格的案例是克莱尔·西尔维娅。她在 20 世纪 70 年代中期接受了心脏和肺的移植手术，捐赠者是一个死于摩托车车祸的 18 岁男孩。由于严格禁止捐赠者和受赠者联系的法律，这些信息克莱尔都毫无所知。

然而，手术一段时间之后，克莱尔开始梦到她的捐赠者，而且她开始强烈地喜欢上啤酒、鸡米花和摩托车，而这些在手术前都是她不喜欢的。克莱尔的经历记录在她的自传《心脏的改变》中，书中描述了她如何找到捐赠者的家庭，了解到她的这些新口味与爱好如何与她心脏的原主人惊人的一致。

另外一些记载的案例就更复杂了，甚至可以称为极端。一个案例是，一位 47 岁的患者接受了 17 岁男孩的移植，突然之间狂热地爱上了古典音乐。这个捐赠心脏的男孩死于一起射击案，死的时候手里还握着小提琴箱。在另一个案例中，一位 56 岁的大学教授受赠了一个 36 岁的警察的心脏，这位警察在逮捕一个毒贩时被现场击中面部。移植手术后某段时间，教授开始困扰于某种梦境，梦中他看到了耶稣的脸，然后突然一束亮光，接着他感到脸上灼烧般地疼痛。他把他的梦汇报给研究者，这位教授根本不知道他的捐赠者是谁，是如何死的。

证据中的启示：心脏具有处理经验、存储记忆的神经网络，这些网络与爱好、价值观、激情、审美、愿望等密切相关。当心脏被移植到受赠者身上时，心脑以及"它的性格"和记忆也随之转移过去。

有大量科学证据证实，心脏神经网络可以在心脏移植的当月通过自主神经系统得到重新连接和植入。研究还表明，并不是所有的受赠者都能够与新的心脑获得连接，对一些受赠者来说，这一过程要花费很多年的时间。

这也支持了一种观点，即一些受赠者性格改变可能是因为移植心脏的心脑与中枢神经系统较早建立了广泛的连接，同时也解释了心脏如何能够与头脑交流信息，从而在性格、激情和偏好等方面带来可觉知的变化。

心率变异性

自主神经系统紊乱通常被认为在情绪和心理障碍——例如焦虑、冷漠、抑郁、恐惧症和创伤后应激障碍（PTSD）——中扮演重要角色。研究发现，低心率变异性与这些失调密切相关。心率变异性生物反馈训练能够让受训者调整他们的呼吸达到共振频率，从而增加心率变异性（HRV）。该方法已经被成功地应用到减少情绪和心理障碍的症状上。

证据中的启示：心脏从本质上参与焦虑、抑郁、恐惧症和压力等情绪/能力过程中，这些可以通过心率变异率来测量（在下一章中会更为细致地介绍）。当生物反馈被用来训练呼吸频率，以训练心脑让它在一种更和谐一致的状态下运作时，心脑之间的情绪过程和信息联络就会改变。学会改变心率和心脑的反应能够改变情绪的处理过程。

神经语言证据

世界许多文化中都可以发现关于心的语言。心，作为一种灵魂/智慧出现在几乎所有语言以及历史的任何角落中。泰语中有超过 500 个有关心的术语。老挝人有非常多的有关心的常见语言表达，以至于被人们称为"心之人"。非洲的隆韦人也用有关心的语言表达感情和性格。菲律宾高地的利隆瓦人将心说成是感受的器官。在墨西哥语、法语、意大利语、中文和希伯来语中关于心的文字都很常见。实际上,希伯来文学作品《没有心的人》字面上翻译为"没有理解力的人"。

那英语中的证据呢?让我们在英语中寻找一些关于心脏核心能力的神经语言学证据。下面是一些常用语中神经语言方面的典型例子:

- 让你的心休息一下(Put your heart at rest)【平和】
- 我的心里充满了希望(My heart was filled with hope)【希望】
- 她失去了自己的心(She lost heart)【失望】
- 它让我的心歌唱(It made my heart sing)【欢乐】
- 她从心底里说出这些话(She spoke from the heart)【信任/诚实】
- 我们的心好像是一起的(Our hearts were like one)【联结】
- 我们有心与心之间的对话(We had a heart to heart talk)【联结】
- 心底里的感激(With heartfelt appreciation)【感激/感恩】
- 她心很软(She is soft hearted)【同情】
- 我的心同你在一起(My heart goes out to you)【同情】
- 心在爱与渴望中燃烧(A heart burning with love and desire)【爱】
- 我将永远将她记在心底(I'll always hold her close in my heart)【爱】
- 让你的心成为你的向导(Let your heart be your guide)【情绪事实/智慧】
- 倾听你心灵的智慧(Listen to the wisdom of your heart)【情绪事实/智慧】
- 跟随你心中的渴望(Follow your heart's desires)【激情/梦想/价值观】
- 这是我心中的梦想(It was my heart's dream)【激情/梦想/价值观】

证据中的启示:从这些语言中,你可以清楚地看到,无论是在文字字面意义上还是在比喻上,这些例子都表达或预设了某些特定的能力。

为了理解需要,你可能会抓起笔和纸,把能想到的关于心的俗语和通用表达尽可能写下来。你也可能会开始注意日常对话、歌词、电影中那些"心的语言"。

腹脑

按摩的作用是产生/释放深层的情绪、核心身份认同问题和宣泄

皮埃尔·帕勒迪，世界知名的整骨疗法专家、营养学家和理疗师，他在关于腹脑直觉以及如何在心脑和腹脑之间创造和谐状态的研究中提到，当按摩患者的腹部时，经常能观察到深层的情绪和创伤释放或者浮现出来。根据帕勒迪的观点，深度的腹部运动有时能够起到心理治疗和精神分析的相似作用。他指出，精神治疗之父弗洛伊德和荣格，都使用了在咨询时将手同时放在来访者的头和腹部的方法。同时有记录表明，弗洛伊德在治疗中会对来访者的腹部进行按摩。帕勒迪在他的著作中描述了按摩腹部如何能够深入原来被隐藏的深层潜意识的源头，同时能够在某些时候释放丢失的记忆和回忆。

在按摩疗法领域，一个常识是：对腹部和胃的按摩能够带来强烈的情绪释放和情绪反应。在按摩培训中，我们被告知，在胃和内脏区域我们储存了大量的情绪，所以按摩腹部时要非常小心。培训师非常坚决地告诉我们，在这个区域的动作要非常轻柔，而且持续时间要短。否则，对于那些深层压抑自我或有未解决的生活问题的人来说，这可能会引发强烈的情绪发泄。在我们的研究过程中，这些观点获得了像 massageprofessionals.com 这样的网络论坛的证据支持。例如在名为"为什么如此多的治疗师回避腹部动作"的帖子中，按摩从业者声称："在大多数基础按摩课程中，很少涉及腹部按摩，因为这可能会造成情绪倾泻……腹部是身体的情绪中心，客户非常敏感，如果他们有情绪释放的话，还可能会非常尴尬。"

关于腹部联系着核心情绪和身份认同的另外一个证据，是来自古代中国的道家修炼，它是一种从道家传统中提炼出来的对腹部和内脏器官的专科按摩技巧。道家的观点是，我们深层情绪的记忆隐藏在腹部。它通过放松腹部来达到重构和谐获得幸福的目的，将诸如焦虑、害怕、担忧和悲伤等情绪与内脏的不同区域相联系。例如，按摩大肠能够减轻负面情绪，按摩胃能够消除焦虑。

证据中的启示：这些告诉我们的是，如果肠只是负责消化食物、吸收养分和分泌废物，那么一个深度的按摩只能带来腹部的温暖舒适，或是放一两个痛快的屁。按摩治疗能够带来强烈情绪的释放和身份认同问题，这一事实告诉我们，腹脑所参与的活动绝不只是食物消化和胃肠排气。它也同样指出，像害怕和焦虑这样的情绪与腹脑的智能息息相关。

克罗恩病——肠的反应和情绪

克罗恩病是一种慢性炎症性胃肠功能紊乱，反应包括腹部疼痛、腹泻、呕吐和体重下降。在它的集中爆发期，患者会极度虚弱。研究发现，克罗恩病患者的负面情绪增高，因为胃肠道系统的异常反馈改变了诸如焦虑、恶心、害怕和怨恨等负面情绪的感受强度。

记录表明，处于克罗恩病活跃期的患者体验到了更强烈的情绪反应，他们的肠道胃动电流图的指标水平也相应地升高了。肠道胃动电流图被用来测量内脏的神经信号活动水平，其对腹脑的测量作用与肠道胃动电流图对于头脑的作用是相同的。

在一项引人注目的研究中，处于活跃期和稳定期的克罗恩病患者观看了有非常强负面情绪的电影，他们的情绪和生理反应被用来与平常人作对比。生理反应通过肠道胃动电流图、心率和皮电活动来衡量。观看每部电影后，试验对象汇报了他们的情绪强度和大小。结果表明，只有处于活跃期的克罗恩病患者组表现出了负面情绪主观水平的显著增加，同时，相应的肠道胃动电流图活动水平上升。研究者推断，胃肠道系统的异常反馈改变了负面情绪的感受强度，而来自肠道的信息看起来参与了调整感受的过程。

克罗恩病患者同时证实了反方向的影响也存在——强烈的情绪（像焦虑、恶心、压力、愤怒和怨恨等）常常使他们发病。而研究表明，内脏信号映射在头脑的区域，与情绪相关，也为此提供了证据。

证据中的启示：胃肠道的状态影响到腹脑以及腹脑所涉及的情绪表达和处理。当我们说某些人在危险情况下面不改色是有"胆量"时，我们确实在讲他们的腹脑调节了情绪的反应，而不仅仅是他们的理智控制在起作用。

胃电图的结果支持了这一观点：处于克罗恩病活跃期的患者体验到更多的强烈情绪，他们的肠道胃动电流图水平显著提高。形成对比的是，对于非活跃期的患者来说，肠道胃动电流图水平和情绪激发之间没有关联性。

活跃期的克罗恩病加剧了各种情绪反应的事实同样也验证了腹脑所负责的情绪核心能力。

肝病与焦虑和恐惧性焦虑的增加相关联

各种记载表明，不管是病原性的还是肝损害造成的，肝病与焦虑和恐惧性焦虑的感觉及行为增加相联系。肝受腹脑支配，根据中医药观点，肝具有疗愈能力，被认为是腹部智能的关键部分，与胆囊一起参与勇气、决策和应激反应中。

证据中的启示：腹脑参与勇气和与之相反的焦虑情绪的激发。当肠神经系统部分被破坏时，它们就不能在一种和谐一致的状态下发挥作用，而是生发出各种情形来提醒头脑——系统的运转不是很好。

脂泄病患者的性格改变

脂泄病是一种由小肠自动免疫功能失调导致的无法消化小麦麸胺蛋白的疾病。脂泄病的症状包括慢性腹泻、痉挛、腹胀、体重下降和营养失调等。当饮食中没有小麦麸胺蛋白、不再有疾病的相关症状时，脂泄病患者的性格发生了改变。受到小麦麸胺蛋白影响时，他们感到抑郁、焦虑、缺少动力。而没有该蛋白影响时，他们就是平和、放松、有能量、有动力的。就像一个患者在在线论坛 celiac.com 上所述："现在，我感到平静、通透……带有一点调皮！但同时发现我对于无知的忍耐度降低了。我有目标，推动周围的项目让我感受到成就感……而以前，我会开始，然后停下来，然后就再也不回去继续了。"

证据中的启示：性格和情绪与腹脑在关键层面上紧密相关。当腹脑与肠部的疾病斗争时，它就很难在一种平衡状态下运作，从而无法激活动力和行动。脂泄病患者从活跃状态到没有小麦麸胺蛋白的平和状态的图形变化，体现了肠神经系统对调控核心能力的影响是多么大。

肠道易激综合征和焦虑

肠道易激综合征（IBS）是一种肠道过敏导致的功能紊乱，它一般由压力引起，能够改变动力性。研究发现，超过 90% 的肠道易激综合征患者有慢性心理失调，典型症状是焦虑和/或抑郁。它同时与恐慌症和创伤后精神紧张障碍相关。

一些研究提供的证据表明：肠道易激综合征患者的自主神经系统异常活跃。这些证据同样指出，肠道易激综合征患者无论是走路还是睡觉，他们的交感神经活动都更加活跃（下一章我们将再探讨这个发现）。脑的图像研究发现，对于肠道刺激，肠道易激综合征患者的脑部反应是异常的，这表明肠道易激综合征患者的中央和脑部神经系统的沟通发生了调节紊乱。这与肠道易激综合征患者所表现出的焦虑和高度警觉的模式相一致。

证据中的启示：我们再一次看到了腹部脑的核心能力，即对焦虑、倦怠及与其相反的平静、幸福和活力等情绪的参与。你能够清晰地看到，腹脑确实地参与了对诸如焦虑、恐慌等情绪以及某些形式的抑郁的调控。相关研究同样支持了这一概念，即自动的平衡对所有脑的一致性运行非常重要，以及在处于内外部的环境压力下，我们的神经网络将进入交感神经系统过度主导的状态。

炎症性肠病和情感上的无助

炎症性肠病（IBD）是一种结肠和小肠部位的炎症，有时与因情绪虐待、压力和失望而造成的极度内疚、害怕、无助的情绪相关联或者由此触发。一项研究提供了相关证据：一些患者在摆脱了受虐的关系并且寻求咨询后，症状大大减轻。就如一位研究者所说，"对待虐待的无助感是病理的触发器"。

证据中的启示：腹脑深度参与核心身份认同问题，当一个人遭受生理和情感上的虐待时，他的神经系统反应模式将受到影响。害怕、无助、负疚以及焦虑都是由腹脑调节传递的。这些反应都是向头脑和心脑发出的信号，以说明现在并不是一个核心层面上的良好状态，你需要做些什么来改变现状。

肠道菌群、益生菌和焦虑

我们的肠道菌群，大家所熟知的益生菌（肠道内以百万计的小虫子和有机体），在调节我们整个免疫反应方面扮演着非常重要的角色。人类的胃肠区域分布着大量的免疫系统，大约占总体的 70%～85%。这些肠道菌群，通过提高黏膜免疫系统能力来辅助和支持我们的内生免疫系统，这些黏膜免疫系统能够提供生理屏障来防御致病菌群的袭击。

不断增加的研究证据表明，胃肠区域的益生菌能够影响情绪和行为。同样，也有大量的证据证实，压力等干扰性行为也会改变益生菌的分布。

更进一步的研究表明，致病生物导致的肠道感染能增加焦虑行为。相反地，研究证明，益生菌（有益的小虫子）有抗抑郁的功效，能够帮助减轻焦虑症状。

证据中的启示：肠道神经系统深度参与了肠的免疫功能的管理，并与肠道中的益生菌群错综复杂地交织在一起，协助消化和健康。一个失去平衡的不健康系统会导致焦虑，摄取一些益生菌会缓解此类症状。这些证据表明肠紧密地参与了焦虑以及与其相反的情绪过程。

胃束带手术后的性格改变

胃束带手术是一种相对简单安全的手术，手术将一个可调节的带子放置在胃的顶部来限制它，从而减少可以轻易摄取的食物数量。对于性格改变的研究发现，胃束带手术后，手术者会感受到一些特质，如不安全感和敏感性降低；而另一些特质，如对秩序感和支配欲的迷恋则显著增加，对生活的掌控欲望也明显增加。

证据中的启示：令我们吃惊的是，当腹脑体验到强大的收缩时，就会变得更激进，会感到一种对自己所处情境更有掌控的需要。我们很肯定，如果有人把你紧紧地绑起来，你会感到困扰并想要去控制，你也会降低自己的敏感度来应对持续的压力。在任何情况下，你都能找到证据，证明腹脑参与调控你生活中与控制、支配、安全、秩序等相关的内容。这也是与腹脑的主要功能相一致的。

前扣带皮质、脑岛、认知失调和动机

肠神经系统通过迷走神经与大脑联系。神经生理学的研究确凿地证实了，从迷走神经发出的腹脑信号在头脑的两个主要处理区域是前扣带皮质（ACC）和脑岛。

前扣带皮质深度参与动机、冲突监测、错误检测、奖励期待、决策、同理和情绪过程。它同时参与控制血压和心率（心脑同样通过迷走神经与头脑相联系）。另外，前扣带皮质深度参与内脏疼痛感受的情绪过程。肠过敏是肠道易激综合征和其他胃肠道功能紊乱的特征。研究同时发现，肠道刺激和肠过敏会导致前扣带皮质的活跃度增加（这一点通过脑成像已经被发现），同时还会导致焦虑和紧张感的上升。

另外，人们相信脑岛处理聚合信息，来产生与感官体验相对应的情感内容。脑岛的前部与嗅觉、味觉和肠的自动功能相关。例如，在肠道易激综合征患者的脑岛部位，就发现了对肠部痛感的非正常处理现象。

更进一步的证据证实了前扣带皮质在处理肠部意识中发挥作用，前扣带皮质如果受到损害，会引起各种情绪失调。对于人类来说，前扣带皮质的受损可导致无动性缄默症。该病的患者尽管能够感知世界、理解语言，却受困于缺少动机。他们不会主动采取行动，也不会对问话有任何回应。

认知失调是一种非常不舒服的感受，因为患者会同时拥有相互矛盾的想法，他们常常会在腹部感受到这种失调。脑部成像研究发现，认知失调会激发前扣带皮质和脑岛前部区域。这些区域的活化也能预测参与者相应的态度变化，这种变化正是实验造成的后果。

证据中的启示：腹脑与头脑中处理动机、失调、冲突、安全、激励和决策的区域直接相联系。这些区域同时负责处理腹部的感觉和信号。动力缄默症的事实强力支持了肠本身固有地参与激发动力的过程这一三脑统合技术模式。通过所有这些证据，我们能非常明显地看到，这与腹脑的首要功能相联系。

腹脑智慧——道德评判、伦理和勇气

肠和腹脑的智慧会参与道德评判吗？尝起来甜丝丝的东西会引发对他人更友好的评价吗？那些苦涩、恶心的东西又如何呢？最新的研究表明，苦涩的味道以及相应的味觉体验确实会影响到道德评判并且会让人更加挑剔。

纽约城市大学的研究者让57位志愿者对一系列场景的道德合理性按照1到100的评分标准进行打分。这些场景包括一个人在吃他死去的狗、远房表亲之间的自愿性行为等。在做题之前和中间，志愿者分别得到了苦涩的饮料以及甜果汁或者水。那些饮用了苦涩饮料的志愿者明显比喝了水的要更严厉，他们的评分平均高出了27%。

在其他研究中，通过利用不好的气味、回忆生理上的恶心体验和引入视频等，让受试者感到恶心。结果一致表明，即使与被评判的行为毫不相关，肠胃的恶心感觉也会影响受试者的道德评判。数据同样表明，恶心对于道德评判强度的影响大小取决于受试者对自己身体感觉的敏感度。就像研究者总结的，这些结果显示了胃肠感觉对道德评判的重要性和特殊性。

我们大多数人都接受过这样的教导：要顾及伦理道德；决策和行为是逻辑和原因分析的产物；不要表现情绪感受。现在越来越多的科学证据一致表明，道德评判很大程度上是基于直觉和肠所感受的正确或错误。在多伦多大学进行的一系列实验中，受试者被置于与匿名的伙伴互动的场景中，他们有两种选择：公平对待伙伴或者欺骗他们。如果他们选择欺骗，他们获益而伙伴受损。在决定是否欺骗之前，一半的受试者被鼓励去理性地考虑他们的情况并忽略他们的情绪。得到这样的建议后，60%的受试者分析了情况并得出了要欺骗的结论。另外一半受试者被建议，按照他们腹部的感觉来做决策。这一组中，只有27%的人选择欺骗他们的伙伴。结果表明，与单纯依靠理性思考相比，集中在腹部的感觉上能让人做出更道德的决策。

证据中的启示：腹脑是有智能和智慧的。你要学会信任来自腹部的直觉，而你的腹脑也会给予你更好的洞察力和更好的道德判断。

食物、心境、性格、口味、嗅觉和感觉

对于食物、心境、性格、口味和感觉，有大量而且多样的相关研究，都支持了腹脑负责味觉的处理，还深度参与相关的情绪和性格功能。例如，像苦、辣、酸、甜等与味觉相关的词经常被用来描述性格和行为，以及人们相互联系和彼此差异的特征。当人感到愤怒、怨恨时被称为"苦"。当一些人特别负面消极、不友好时，我们称他们是个"酸"人。

这样的比喻对于甜来说更为常见。情侣之间的许多常用表达以及我们描述那些友好助人的人，都会用到甜，比如"蜜糖""糖""甜心"。这些比喻辅助了沟通，但是就像我们在第二章中所描述的，认知语言学领域的概念性的隐喻理论表明，这些隐喻是恰当的表达。一项在北达科他州立大学

完成的研究为此提供了强有力的证据。

在一系列研究中，布莱恩·迈耶博士和他的同事发现，个体对甜食的偏好预测了人的社会亲和特质、意图和行为。研究结果同样表明，不时享受一下甜食，比起吃不甜的食物或者没有食物吃，能够提高受试者的随和度，使其助人行为有所增加。

另外一个近年出现的迷人发现是，味蕾并不仅仅存在于舌头上，在整个胃肠区域都发现了味蕾。腹脑确实在消化过程中品尝了食物，而且运用这个信息来辅助营养的提取并决定为自己及身体吸收何种营养。

令人惊讶的是，在肺中同样发现了味蕾，意味着我们实际上也品尝了我们呼吸的空气。事实上，在胚胎时期，肠神经系统的发育过程中就繁殖了前肠的神经嵴细胞并移居到肺部的味蕾中，在呼吸道中增加了神经节和神经组织。腹脑在躯干和内脏区域分布了很多神经，味觉是其中一项主要的感觉手段（下一章我们会看到），也是它与其他两个脑交流的关键方法之一。

至于食物和味道对情绪和行为的影响，研究发现，进食巧克力或者苹果这样的甜食能够提升心境。巧克力被发现不仅能够带来快乐，还能够暂时修复负面的心境。

澳大利亚的最新发现也证实了这一点，甜味的饮料能帮助压力下的人控制过激反应，减少争辩。参与者测试了他们自然的好斗水平，然后在得到一杯添加了葡萄糖或者无糖安慰剂的柠檬水之前，被要求禁食。他们随之被另一个人激怒，同时被给予了报复的机会。相比那些得到安慰剂的参与者，得到甜饮料的参与者明显更不易被激怒。

愤怒一般是心感受到的，但是激动、狂怒和攻击性是腹脑感受到的——攻击和逃跑是腹脑控制的反应。所以，糖抚慰了腹脑，降低了腹部传递给头脑和心脑的交感神经信号，也因此控制了愤怒和攻击性。

在对味觉和嗅觉功能的最终观察中，研究文献清楚地记录了嗅觉缺失症导致了抑郁和情绪迟钝。相反，抑郁也可以反过来造成味觉的缺失或降低。味道被我们的脑用来通知肠我们所吸收的食物的安全性如何，也用来了解将要进入肠道的这些食团的复杂化学组成，以便腹脑能够更好地消化它。显而易见，味觉是肠神经系统的一个关键感觉信号。

近期关于味道和焦虑（腹脑的核心能力）的研究发现，人类的焦虑能够通过味道来传递并且影响到承担风险的行为。当人感到焦虑时，他们释放出一种能被附近的人所无意识感知的化学信号。研究者在研究中收集了刚刚完成高空绳索障碍课程者的汗液，然后在一些受试者玩赌博游戏时，试验了这些汗液的作用。他们发现，相比于暴露在那些不焦虑者的汗液中的受试者，当受试者闻到那些焦虑者的汗液后，他们承担风险的行为显著地受到了影响。

证据中的启示：腹脑和它的味觉偏好是本我核心和个性的重要而本质的组成部分。通过对食物的味觉和嗅觉能够改变腹脑的状态，影响情绪并最终改变行为反应。

> **有趣的事实：**
>
> 你的肠甚至肺上都分布了很多味蕾。

神经语言上的证据

现在，我们通过一些常见的说法，来观察腹脑能力的一些神经语言学例子。

- 我对此感到饥饿（I hunger for that）【饥饿 / 冲动】
- 我发现了这种恶心的行为（I find that disgusting behavior）【恶心】
- 我感到肚子里行动的火球（I have a fire in my belly for action）【行动 / 肠动机】

- 我对成功饥渴（I'm hungry for success）【行动/肠动机】
- 他有这份工作所需的顽强毅力（He had the intestinal fortitude needed for the job）【意志力】
- 这是大胆的一步（It was a gutsy move）【勇气】
- 那样做需要很大的勇气（It really took a lot of guts to do that）【勇气】
- 我的腹部深深地感到平静（There was a peace deep in my gut）【放松/平静】
- 我对生活有健康的渴求（I have a healthy appetite for life）【幸福】
- 在我腹部的深处，我感到它是正确的（Deep in my guts it felt right）【肠直觉/智慧】
- 你需要信任你的腹部直觉（You need to trust your gut instinct）【肠直觉/智慧】
- 倾听腹部的内在声音（Listen to the inner voice of your gut）【肠直觉/智慧】

证据中的启示：再一次看到，不论是字面上还是比喻上，通过这些通用的俗语，腹脑的一些具体的能力得到了预设和表达。

头脑

如我们所知，头脑由两个相互独立而又彼此联系的半球组成，拥有大约1000亿个神经元。它比心脑和腹脑都复杂得多。同其他两个脑一样，它的工作状态也受交感或副交感神经支配所影响。当神经系统被副交感神经控制时，左半球占主导地位。当交感神经占优势时，右半球为主导。

正是因为它如此卓越而复杂，因此头脑参与了人类行为的每一个方面。如果要详细描述头脑的功能，恐怕要单独写一本书或者几本书。为了实际应用,也是根据行为建模的知识,我们选择了"脑半球侧化模型"作为研究头脑及其核心能力的最佳方法。我们还特别关注了当两个半球处于平衡或者心流状态时表现出来的能力会是什么样的。

从20世纪60年代罗杰·斯佩里博士和迈克尔·扎尼加博士对裂脑患者进行研究开始,大脑的两个半球分别有各自的功能或者能力已成为尽人皆知的事实。当然,现在对于每个半球脑负责处理什么已经有了广泛的科学共识。

左半球能力

- 言语交际的任务
- 逻辑和问题解决任务
- 分析时间顺序
- 细节处理
- 积极或有关亲近的情绪

右半球能力

- 非言语交际的任务
- 空间任务
- 辨别形状
- 整体处理
- 理解/消化比喻
- 音乐和音调处理
- 面部表情识别
- 负面或有关回避退缩的情绪

脑半球运行着完全不同的过程，根据任务和环境的不同，一个半球会比另一个更加活跃。然而研究发现，像创造力这样的能力是由两个半球一起合作完成的，而不是由哪一个半球独立完成的。另外，对于"心流"状态的研究指出，跨两半球的同步一致是引发该状态的关键因素。

证据中的启示：当你的系统变得被交感神经或者副交感神经过度支配时，相应的大脑半球也会变得过度主导，这会让我们由于只用一种模式处理信息，从而导致思考或体会世界的方式受到限制。

神经语言证据

在一些俗语中，包含了对大脑能力的神经语言学例子：

- 动动脑子，你会更有逻辑性（Use your head and be more logical will you）【逻辑/认知】
- 我们脑力碰撞一下，有了一些原创性的思考（We put our heads together and did some original thinking）【创新】
- 我需要用头脑好好考虑一下这个（I need to wrap my head around it）【元认知】
- 我在自己的想象中迷失了（I was lost in my imagination）【流动】
- 我从两个方面来看它（I looked at it from both sides）【平衡视角】
- 我的头脑充满了好奇（My mind is filled with curiosity）【好奇】
- 学习给了我生活一个领头的起点（Learning has given me a head start in life）【创造性学习】

证据中的启示：这些语言的例子都表达或预设了头脑的一些特定能力。

实际应用

现在，有了这些强有力的证据，你对自己三脑的功能应该有了更多的认识，是时候去关注如何在实际中应用这些知识了。在接下来的章节中，我们会一起来看看，在持续探索三脑统合技术导图的过程中，我们如何运用三脑统合的核心能力来促进行为的改变和发生。

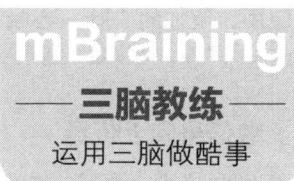

第四章
与你的三脑沟通

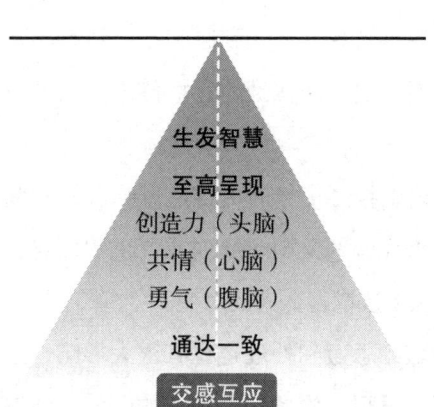

当我们第一次发现心脑和腹脑时,我们就马上意识到三脑之间一定有相互沟通的方法,来相互协助系统地控制整个身体。毫无疑问,我们的各脑不会也不能够在一种彼此隔绝的情况下运作。它们会通过神经通道或者神经丛紧密地相互联系,同时也通过特定的渠道来回传递信息。

本章我们学习三脑沟通的模式以及提高其沟通效率的技巧。这些方法和技巧将在第五章中得到应用，使你的头脑、心脑和腹脑之间沟通一致。

三脑统合技术原则：大多数信号向上传导

第一个你需要知道的原则是绝大多数将心脑和腹脑连接到头脑的神经是向上传导的。心脑和腹脑与头脑的交流通过迷走神经来实现。大约90%的迷走神经纤维是传入感觉神经，意味着它们进入头脑，将内脏的信息传递过去。只有10%的信息是以另一种方向，即由头脑到腹脑和心脑的方式传递的。

这很大程度上解释了能做到有意识地改变你的心脑和腹脑的状态会有多么困难。你曾经有过非常紧张、肠胃里七上八下、非常恶心的感觉吗？如果你经历过这种感觉，就知道用思想来使其恢复平静有多困难？以我们的经验，想要劝说你的肠平静下来，几乎是不可能的。语言和思想无法轻易地转化为心和肠所理解的话。你不能说服你的心脑或者腹脑做什么或者不做什么。这也很容易解释，从头到肠和心，只有非常小的沟通通道，而且这两个脑通常并不通过言辞沟通。它们使用不同的方式，本章后面我们会了解到。

然而，90%的迷走神经信号向上传递意味着心和肠能够非常容易地影响到头的运行。如果你曾经受困于肠痛或严重的便秘，就会理解肠能够对你的心境、想法和感觉造成多么大的改变。

迷走神经对头脑的思考和处理过程有很大影响，这一观点也得到了科学研究的支持。试验发现，模仿迷走神经的电信号能够减轻那些对其他治疗没有反应的抑郁患者的症状。它也可以增加或降低另外一些人的焦虑和抑郁表现。这并不奇怪，就像在前一章所提到腹脑在我们抑郁和焦虑时的功能，所以，人为地在迷走神经通道里制造给头脑的信号，就能够放大这些由腹脑调节的状态在头脑中的体验。

感觉意识（felt-sense）

尤金·简德林博士开发了一种效力强大的治疗方法叫作"聚焦"，他就此写了本同名的书，一本了不起的书。他在书中说："存在着一种身体觉知，这种身体觉知深刻地影响到我们的生活，帮助我们达成个人目标。现在我们对这种觉知模式的关注太少，所以还没有现成的词去描述它。"他将这种身体感觉和身体觉知称为"感觉意识（felt-sense）"。

感觉意识包含了一定时间内你的一切所想、所感和所知，并且以一种身体体验的方式传递给你。在三脑统合技术中，我们将此理解为：心脑和腹脑试图将它们的观点和知识传递给你的意识（头脑）。

简德林博士指出："因为感觉意识并不是以语言传递信息的，所以也很难用语言来描述它……它是意义的一种生理感觉。"当遇到生活中的问题时，简德林博士说，感觉意识就是"一种更加宽泛的聚焦，开始很模糊，是一种难以分辨的不舒服，这是整个问题在你的身体上体现出来的……也是你的身体如何来承载整个问题"。

从某种形式上说，感觉意识就是所有来自你头脑、心脑和腹脑的无意识部分的信息统合，是作为你的整个身体的一组广泛感觉来被体验到的。

在简德林博士的聚焦方法中，他让来访者与自己内在的感觉意识对话，询问它想要表达的意思是什么、它的意义所在、它想要告诉自己什么。通过转换为三脑的智慧，承认并利用各脑的智能和意图，使问题得到解决。

与肠交流

倾听肠

"经验告诉我一些事情，其中之一是倾听你肠的感觉，无论这事从纸面上看多么美好。"

——唐纳德·特朗普

唐纳德·特朗普这段话中的神经语言学，是表达我们如何从腹脑接收直觉和信息的通用方式。你的肠向你的头和心传递信息。生物书上说，肠通过以下方式沟通：

- 饥饿信号和要吃饭的想法
- 饱腹信号
- 味觉信号
- 肌肉紧张
- 内脏感觉

我们知道，味觉是体内消化器官的一个关键感觉形式。就如我们在前一章所说，味蕾并不仅仅存在于舌头上，它们在整个胃肠道区域都有分布。腹脑通过各种味道与头脑沟通这一点也可以用以下常用说法证实：

- 失败的苦味
- 愤怒的酸楚
- 恐惧的血腥味
- 成功的甜蜜

是的，这千真万确，你也可以通过自己的经验来证实这一点。正如认知语言学所证明的那样，我们的隐喻语言也充分体现了这一点，也就是为什么当我们的意识层收到这些信息时，我们将感受到腹脑所管理的信号，如危险、害怕等。

尽管上述的沟通机制已经过科学的验证，但更吸引人的是这些信号的处理过程。这些过程被一些玄奥文字记载所揭示，同时得到了行为建模理论的支持，它们包括：

- 饥饿、欲望，对食物和饱腹信号的渴望
- 动机信号和吸引、冲动、排斥等的内脏感觉

- 害怕信号和安全、威胁等的内脏感觉
- 蠕动——吞咽、哽咽、打嗝、呕吐、胀气、排泄等
- 动觉/腹内脏腑感觉,例如焦虑、胃翻腾、痉挛、肠鸣、胃部不适、烧心等
- 身体运动(包括生理犹豫)
- 腹/胃肠区域(GIT)健康问题,免疫系统问题
- 横膈呼吸
- 捧腹大笑
- 喉音
- 安静/小的声音和简单的话
- 肠的语言
- 口味/气味
- 道德上的厌恶和身体层面的恶心,厌恶和恶臭/难闻的味道
- 感觉意识和身体/躯干的各种感觉
- 梦/愿景

这些沟通机制中有许多还没有得到完全的科学证实,在神经科学的殿堂,认为这些见解有一定合理性的观念正在开始形成。这也得到了斯坦福大学医学院潘卡·杰·帕斯理查博士的证实:"肠并不仅仅是将食物消化为可利用之物的地方,它也是与身体对将要发生的一切保持同步的信号站。这并不奇怪……奇怪的是我们用了这么长的时间才发现了这一点。"

如同帕斯理查博士指出的:"肠和脑通过迷走神经直接相连,迷走神经从大脑到达身体内部各个组织器官。另外,肠有自身相对独立的神经系统,所以肠和成年人大脑的沟通是清晰而且双向的,肠发生的变化直接就反映到大脑中了。"

恐惧的礼物

盖文·德·贝克尔是美国暴力行为研究的前沿专家，他同时是安全问题方面的著名专业人士，为好莱坞明星、政府机构和顶尖的政客们提供如何发现和控制危险的咨询服务。在他的书《恐惧的礼物》中，他提到了直觉、腹部本能反应和其他求生信号的威力，这些信号能够保护你逃离暴力和危险。他建议，此类情绪如犹豫、恐惧、焦虑、疑惑和怀疑带来的牵肠挂肚的腹部感受是真正的礼物，它们是能救你命的。

他对于"真正的恐惧"和那些没有根据的害怕做了区分，使你能够学会如何鉴别二者并从它们传递的信息中获得真正的智慧。

就像德·贝克尔指出的："你应该信任引发警报的信号，因为危险临近时，直觉经常是正确的……直觉一直在学习，也许偶尔它会发出最后看起来没有那么紧急的信号，但它所告知你的一切都是有意义的。"至于危险信号，德·贝克尔相信有一个重要性和紧急程度的分级。他说："最高等级、最大紧急程度的直觉信号是害怕，所以，你需要倾听它。下一个层级是忧虑，再往下是怀疑，接着是犹豫、疑惑、预感和好奇，也包括牵肠挂肚的感觉、固执的念头、生理上的感觉和焦虑等。通常来说，这些信号没有那么紧急。当这些信号出现时，以一种开放的心态去面对，你会学习到如何与自我沟通。"

静静的、小小的声音

在玄奥的文学记载中，此类的沟通，无论是腹还是心，都被称为"安静、小小的声音"，这已经被我们的行为建模所证实。这些声音只有在安静时才能被听到，而且很明显，只用简单的话、很短的句子来表达。它也会用比喻和象征而不是文字来描述。从三脑统合技术的角度看，我们认为这个声音是头脑在解读和呈现来自其他两个脑的细微信号，也是头脑以语言来告知意识的方式。它是直觉，需要在你的生活中悉心培养并使其绽放。

在日本文化中，有一个词叫作"haragei"（哈拉盖）。这个词在英语中没有直接对应的词，但是可以不严谨地译为"腹部艺术"。"hara"这个词指的是肚子或肠，它是指身体中心的这个点，提供生理或心理的平衡，也参与直觉和感觉的意义中。haragei 是运用"hara"的练习，也是运用内在沟通的方法。它超越了逻辑，是关于本能、勇气和智慧的。

松本道博的书《未言之道——哈拉盖：日本商业和社会中的沉默》，特别能发人深思。作者叙述了在口头沟通中，哈拉盖是如何在沉默或停顿中实践的。根据松本所述，在日本，高级商业执行官会通过哈拉盖做决策的参考，这种参考意见与通过逻辑推理和底线核算方式得出的意见同样有效。有意思的是（在本章的后面部分你会发现这一点的重要性），松本说，"实践哈拉盖，你必须学会如何正确呼吸"。

梦给你的信息

众所周知，临睡前吃一顿丰盛的大餐会影响睡眠质量，甚至会做噩梦。那么有什么证据证明这一点吗？腹脑与头脑在睡眠或者做梦的过程中有沟通吗？这是我们临睡前大吃一顿会影响睡眠的原因吗？梦是从腹脑或者心脑传递过来的信息吗？让我们一起来寻找答案。

快速肠动睡眠

每个夜晚，当你睡觉时，你的头脑会经历我们称为快速眼动（REM）睡眠的过程。

快速眼动是一个正常的睡眠阶段，平均大约每 90 分钟发生一次，与做梦紧密相连。许多神经科学家和睡眠研究专家认为，快速眼动是学习过程的一个不可或缺的部分，在记忆、经验和知识的统合中发挥着主要作用。在加利福尼亚大学的一项研究中，利用脑部扫描，发现在快速眼动睡眠阶段，记忆被激发，被分类统合。快速眼动就像一种隔夜的药膏，抚慰过去一天的感情经历。

让人惊奇的是，腹脑也会经历与快速眼动睡眠类似的过程。我们称之为快速肠动（RGM）睡眠。大约每90分钟，当你睡觉时，肠经历快速肠动过程。一些研究学者认为，这是肠和头在对白天的知识和经历进行沟通统合的时间。根据这一观点，梦就很可能是腹脑与头脑沟通的重要方式，使直觉和"腹的智慧"浮现到意识层面。就如玄奥的传统智慧所描述的，你的梦装着腹和心的信息。

> **有趣的事实：**
> 正如头脑每天晚上经历快速眼动睡眠一样，腹部进行着快速肠动睡眠，这可能就是腹脑在做梦和沟通。

中医和梦

中国传统医学认为，肠会通过梦境来告知其状态。当肠中有寄生虫时，梦会告知是何种寄生虫。古代道教医学文字记述："肠中有小寄生虫时，会梦到人群；有大的寄生虫时，会梦到争斗和相互毁灭。"

肠道易激综合征病人梦到什么

那么现代医学对此如何评述？

众所周知，肠功能紊乱的病人经常会有不正常的快速眼动睡眠。例如"肠道失调"，一种肠部微生物不正常骤增的疾病，在其众多症状中，睡眠失调就是其中一项。就像我们上一章所讨论的，大量的研究证实，肠道易激综合征病人的快速眼动睡眠在强度和持续时间上都有所改变，同时通过胃电图发现，病人的肠功能在睡眠时也有不正常的波动。

至于梦，研究发现，诸如肠道易激综合征这样的慢性胃肠功能紊乱会影响梦的特性。一项研究发现，非常多的肠道易激综合征和其他肠道炎症患者，会梦到他们的肠。显然，腹脑向头脑发送了强烈的信号，影响到了梦的内容和过程。

乔·艾因力，行为改变研究专家，也是 www.painsinthebutt.com 网站的博客作者，该网站是克罗恩病和溃疡性结肠炎方面的著名网站。乔说："梦是意识干预我们目前状况的沟通方式。它让我们采取行动，做些什么来改变现状。在克罗恩病患者的噩梦中，他们经历了非常痛苦的生理和心理的感受，意识会要求采取减轻这些病症的行动。对于正在经历生理痛苦和肿胀的克罗恩病患者来说，梦到怀孕、正在生子或者在无麻醉的情况下剖腹生产都是很正常的，肠正在呼唤主人采取措施来终止痛苦。"

拯救生命的梦

2011年年初，奥普拉·温弗瑞决定在她的杂志中做一期专版，只登载直觉的力量和如何深入直觉方面的内容。她的编辑和研究者开始搜集那些因为深层直觉和预感而获救的真实故事。他们发现了一些令人惊讶不已的事情，这些都记录在了2011年8月的杂志上，其中最让我们感到震惊的是特丽莎·柯博恩的经历。

特丽莎46岁，过着成功而健康的生活，一天晚上她做了一个强烈困扰她的梦，而这却救了她一命。在梦中，她站在一个铁丝网的围栏前，一群脆弱惊慌的人站在另一边，以一种她不懂的语言想要告诉她一些什么。接下来的几周，她总是梦到同样的内容，每一次，梦中的人都有所增加并且看起来越来越绝望。梦是如此强烈，她经常会哭醒。她知道一定是有什么事。

所以特丽莎找了她的医生，安排了一次全面的体检。但是结果没有什么问题，她的医生认为她很健康，只是反应过度了。然而梦又再次回来，这一次有100多人，都在用他们的语言哭泣、哀叫、恳求。又过了几天，梦境最后一次出现，但是这次梦中的围栏消失了，也没有人了。

这个梦严重困扰着特丽莎，所以她立即再次找到她的医生，询问他哪里是人身体最深的地方。医生告诉她是结肠后，她要求做了一个结肠镜检查。尽管她的医生不建议这样做，因为她没有任何相关症状，也没有家族遗传结肠癌的历史。特丽莎却坚持做了。

幸运的是，特丽莎倾听了她的梦境。在结肠镜检查中，胃肠病专家发现癌细胞正迅速占据她的结肠。她挽回了自己的生命。她的腹脑通过梦境向她传递了信息，让她发现了癌症并在造成死亡的恶果前移除了它。医生后来告诉她，如果再等2个月，结果就很不乐观了。

这个故事多么恐怖而强大啊！它告诉我们梦的强大力量，梦可以到达你最深层的腹脑智慧。

心脏移植证据和信息的特殊性

接下来我们要提供一些证据，它们都是有关梦的信息，一些非常令人惊异甚至有些让人毛骨悚然。这些是从心脏传递的梦的信息，让我们吃惊的是这种信息的特殊程度，为了存储一些非比寻常的细节，这些信息必须保存在心脑的记忆中。

在做过心脏和肺的移植手术后，舞蹈家克莱尔·西尔维娅发现，新器官并不是她继承的唯一的东西。如同她的自传《心脏的改变》中描述的，手术后5个月的一天晚上，克莱尔从一个引人入胜的生动的梦中醒来。在梦中，她遇到一个叫作提姆的男子并与他建立了强烈的连接。随着梦境展开，提姆要离开了，走之前，克莱尔和提姆开始接吻，正在接吻的过程中，克莱尔将提姆吸了进去并醒过来，她知道将和提姆永远在一起。

这个梦是如此不同寻常，如此生动和令人兴奋，克莱尔醒来时感觉她和自己腹中的心和肺终于合成一体。她说，当她醒来时，她意识到提姆是她的捐赠者，他一部分的灵和个性已经到了她身上。这种深层交融的感受让她开始去寻访捐赠者，经过数月的艰苦调查，她最终联系上了他的家人。

这个故事的结尾是，捐赠者的真实姓名是提姆·拉萨尔。

多么令人吃惊的故事！确实值得了解。同样有医学研究发现，切断的迷走神经，在几个月之后，重新恢复了与新的心脏神经系统的连接。很明显，在克莱尔的例子中，她和新心脏强烈地连接了，而且能够通过梦境传递信息，来帮助她接受并统合新的心脑。

最后，还有一个文字记载是关于心脏移植后性格改变的例子。在这个例子中，一个8岁的女孩接受了一个10岁女孩的心脏，但移植手术后某段时间，这位年幼的受捐者开始清楚地梦到一个袭击者和一个女孩被谋杀。这个女孩的妈妈关心她的孩子，所以带她去看了心理医生。心理医生认为噩梦如此详细真实，看起来像真实的记忆，于是建议她们报警。最终，这个10岁的捐赠者被发现是遭到谋杀的。

根据这些记载，受赠者频频做如此准确真实的梦，而且能够如此详细地描述谋杀者的细节和可怕的遭遇，警察能够以此来确认凶手，这让我们不得不叹服心脑和它的记忆的神奇和特别。

【我们能从以上故事中得出的结论是，运用"枕着问题入睡"的智慧让你的心和肠有机会通过梦境来消化、统合、传递它们对决策、问题和处境的深奥知识。这样做能帮助你做出更好、更明智的决策。你的直觉会更强大，同时，你应该抓住肠和心在随后的梦境中传递给你的标识和信号。不要在睡前吃太难以消化的东西，以免破坏你的肠在睡眠中的神经传递工作。】

案例研究：来自心和肠的梦境信息

加文找到我们是因为他受到了一个频繁造访的梦境的困扰。他开门见山地说："我今天从一个同样可怕的梦中醒过来。梦基本上是这样的，我开车回家，从高速公路下来并驶向出口，发现路上有一个巨大的龙卷风。当我驶过一条肮脏的马路进入房子时，我发现还有两个龙卷风。不管怎样，我的女朋友在后面的汽车里。但是接下来，我知道我在办公室里，一个同事在包饺子。我告诉他和我的老板有龙卷风，但是他们并不在意。我对这个该死的梦感到匪夷所思！"

加文继续说："所以我在网上做了一下调查，看看龙卷风到底代表什么。查出来是代表内部混乱和困惑。他们告诉我说是陷入感情风暴或者生活中发生了重大变故。看到几个龙卷风象征着与周围的人激烈冲突的状态，但是我不知道具体是什么冲突。现在我唯一能想到的是，我的家庭中没有人赞同我和我女朋友的关系，这让我很挣扎，我承受着巨大的压力，要从一个对我很好和一个对我来说很特别的女人中选择一个。我很爱自己的家人，也非常尊重他们。还有，我现在正在建造自己的房子，工作上现阶段也有很多压力。

"另外，我现在正处于个人发展的冲刺阶段，有特别强的愿望去帮助他人通过个人职业规划来实现目标和梦想，做一些个人培训咨询或者心理方面的工作。这真的是这么久以来我第一次被一个梦吓到。你认为这个梦是关于什么的？我确实需要一些帮助来看清楚它要告诉我什么并去解决它。"

我们向加文解释，通常来说，梦包括噩梦都是心脑或者腹脑与头脑沟通的方式。这一点很重要。在加文的生活中，有相互冲突的价值观带来的内心混乱和困惑，也有感情和渴望之间的冲突——家庭成员的爱和深层的、由衷的浪漫之爱。所有这些都是心脑的核心能力。除了这些，还有工作和建造房子带来的压力。注意他的话"这一切要吃了我"，很明显，这是腹脑工作的神经语言。这些也通过梦境中的食物得到了进一步强化——办公室的人（外部权威、父性/父母形象）在包饺子。

当他开始转换自己的身份时，加文的腹脑在深层价值观的激烈冲突中陷入了混乱。他开始与自己心爱的人建造自己的房屋，开始崭新的生活，而这一切并没有得到家庭的支持。为了解决这个问题，加文此时需要勇气来清楚了解，在他心中，此时此刻，对他的生命真正最有价值的是什么。

他还需要激励自己采取新的行动追随自己的心脑和腹脑的智慧。这也是我们引导他去做的。他应与他的心脑和腹脑的直觉同步,运用三脑统合技术的框架来和至高呈现相一致。在下一章我们会涉及三脑统合技术方面的内容。

心传递的信息

"世界上最好最美的事物,不是被看到的,不是被触摸到的,而是心中感受到的。"

——海伦·凯勒

心脑与腹脑的沟通方式类似,然而除了腹脑所运用的迷走神经以及生物化学/荷尔蒙的沟通方式以外,心脑还可以运用身体和电通道沟通。下面总结了神经科学、传统玄奥智慧以及行为建模等方面的研究和发现。

心脏沟通机制:

- 情绪和感受
- 兴趣、注意力和突出的符号性图像、梦和愿景
- 本体感觉,如痛、紧等
- 节拍、节律
- 运动的速度、时间点
- 呼吸
- 音调(音乐、歌曲)
- 静静的/小小的声音和简单的词
- 心灵语言
- 气味
- 与心脏相关的健康问题
- "感觉意识(felt-sense)"和肢体/胸部感受
- 电信号

鼓点

在非洲的丛林深处，部落之间用深沉的有节奏的鼓声远距离传递信息。在草木丛生的丛林中行走是困难的，但是声音提供了一种简单快捷的传递信息的方式。对于心脏来说，同样如此。它有节律的脉冲在身体中穿行，同时在这个过程中传递信息。上一章的研究证据也支持了这一点。还记得哥伦比亚脑科学中心的巴纳比·邓恩博士做的直觉决策实验吗？他发现，对于自己的心跳更有觉察力的人，能够做出更加快速、准确的直觉判断。所以，你越是能够感受到心跳以及心的感觉，你越能够与其一致，准确地把握住它传递给你的信息。

发现练习：觉察

在这个发现练习中，你会学习到如何了解并与你的心脏跳动同步。需要注意的是，这本书中所有的练习，你都可以从 www.mbraining.com 网站上下载一份视频文件。

觉察（基础）

1. 找一处安静的地方，舒适地坐好，花一点时间安顿下来，轻柔地、均匀地呼吸。当你继续放松时，让任何想法或内在的对话自然地发生，你只是去观察它们来来去去。做一个对你自己内在过程抽离的观察者，让它们自然地发生、消散。

2. 坐着，轻轻地呼吸，继续放松，让你对自己的胸部区域更有觉察。将空气吸入你的胸部区域，感知每次呼吸。现在开始倾听、感觉、追踪你的胸上部的心跳。

3. 一旦感受到心跳，开始注意心和胸部区域的其他感受或感觉。

4. 尽可能经常地做练习，每当有空余的时间，你越能够与自己的心跳同步，你从心脑那里接收的信息和直觉就会越好。

觉察（对比）

5. 舒适地坐好，再一次轻柔地呼吸，去觉察你的心跳。注意它的快慢、节奏、力量/强度。

6. 保持这种觉察，开始回忆或者想象一个有压力的场景。注意你的心脏跳动的任何变化（快慢、节奏、力量/强度）以及你身体的任何其他感觉。

7. 现在放开这些有压力的念头、内在图像和内在的声音/对话。让这些想法飘走，将注意力放在轻柔的呼吸上。当你重新安静并回到自己的中心时，注意心脏跳动的任何一个变化。

8. 当你保持对心跳的觉察时，开始回忆或想象一个美好、幸福的记忆或场景。注意你的心脏跳动的任何变化（节奏、速度和强度）以及你身体的任何其他感觉。

9. 再一次，允许这些想法、内在图像、内在声音/对话自然地飘走。将注意力放在你轻柔的呼吸上，当你全然临于当下时，注意你的心跳的任何变化。

10. 在一天中持续练习对你的心跳更有觉知，无论是感到压力、开心和放松的时候。这会培养你的心的直觉以及整个的自我觉察。

心电

注意前面讲述的心脏沟通机制的最后一点——"电信号"。心脏的电磁信号从振幅上来说是大脑的 60 倍。它发射的能量场比头脑要强 5000 倍，即使在身体 10 英尺以外也能测量到。所以你的心脏并不仅仅用这些强烈的磁场在你的身体内部传递信息，它还能够穿越周边的空间，对你周围的人（以及动物）产生影响。心脏数理研究所的研究发现，在几英尺远的距离内，一个人的心脏电信号很容易在另一个人的皮肤上测量出来。他们还展示了一个人心脏跳动特别和谐一致时（一种衡量交感和副交感神经系统平衡的方法），能够带动另一个人的心跳达到同样的和谐一致状态。我们将在这一章的后面部分更详细地讨论这个和谐一致状态和神经网络输送。

与头脑沟通

我们前面已经说过，头脑非常复杂。它拥有大约1000亿个神经元，超乎想象地复杂，能够实现无数惊人的功能。头脑中的信息传递有很多种方式，为了行为建模的需要，我们可以用以下方式在头脑中传递信息：

- 内在对话
- 内在声音
- 内在图像
- 内在动觉

科学和哲学在意识方面一直存在争论，焦点在于自我意识到底是否存在或者只是某种幻觉现象。我们对此拥有一种非常实际的认识，这也是行为建模研究告知我们的。当你模拟一些人与自己沟通，以此激励和管理自我时，你可以想象内在的声音和画面并关注到内在的感受。作为一种很实际的表达方式，我们认为这个人在与他的头脑相沟通。

关键在于我们有一个显意识，它能够沟通甚至某种程度上影响潜意识（显意识的另一面）。三脑统合技术背后的观点就是通过有意识地运用合理的方法和技巧，学会如何沟通、协调、影响你的三脑来得到更多的智慧和生活中的成功。就像我们在本书的开头所说："用你的三脑做与众不同的事情。"

通往潜意识的桥梁和通道：通过有意识的意图来沟通和引导

与你的多个脑沟通的第一步是让它们到达一种交感和副交感系统平衡一致的状态，我们称之为"和谐一致"状态。要达到这种状态，你需要控制你的自主神经系统（ANS），而这仅仅通过显意识的想法是很难做到的。

幸运的是,你有一把厉害的钥匙来打开控制自主神经系统的门,它包括有意识地与躯体神经系统(SNS)和自主神经系统的连接通路协同工作。这些通路是身体上的一些点、身体上主要的肌肉群,它们同时分布有躯体神经系统和自主神经系统。躯体神经系统遍布皮肤、感觉器官和所有的骨骼肌。与自主神经系统不同,躯体神经系统主要受自主意识控制。当你通过躯体神经系统的自主控制来有意识地引导它们时,你就给自主神经系统发送了强烈的信号,将它代入与你沟通控制的意识模式共鸣的状态。

斯蒂芬·艾略特2004年在他关于心率变动的著作中引入了"桥"的概念,并将之称为"和谐一致的呼吸"。我们可以通过他的网站(www.coherence.com)来了解他在这方面的卓越工作。"和谐一致的呼吸"和"桥"这些概念背后的科学道理非常值得我们深入讨论。

斯蒂芬引入的有6种主要的"桥":

1. 脸
2. 舌头和喉咙
3. 手
4. 膈膜和肋间结构
5. 骨盆底
6. 脚

所有这些点都拥有可以开合的肌肉组织,包含神经的输入和输出,具有明显的潜意识和意识控制。

在下面可以看到,它们不仅分布有躯体神经系统和自主神经系统,也受腹脑神经支配。我们还发现了有两个通路对于自主神经系统控制和平衡最重要而且最有用:

·膈膜(呼吸)

·舌头和喉咙(吞咽)

我们会集中研究这些方面，并把它们用到贯穿全书的三脑统合技术中。

共同支配横膈膜和食道

从进化的角度看，膈膜可以分为两块明显不同的肌肉：股肌和肋肌。它们一块是胃肠肌，一块属呼吸肌。正常呼吸中，两块肌肉的动作都是同步的，但是在吞咽和相反的过程——呕吐的时候就不再同步了。股肌原本是由肠所控制的肌肉，是为了夹紧食道以防止胃中的食物逆流的。

脊椎动物，例如非洲的爪蛙，拥有食道周围的肌肉群，这些肌肉在任何情况下都不与呼吸器官直接联系。然而，对于人类来说，这两块肌肉，无论是显意识（躯体）还是潜意识（自主的／肠内的）控制，通常都是作为一个整体工作的。

了解这些的价值在于，膈膜作为两块有效统合为一的肌肉，同时被头脑和腹脑神经支配，是头脑和腹脑之间的一个强大通路。很快你就会发现它如何与呼吸相联系，以及它将你的所有脑通过平衡呼吸带入一种自动一致状态的能力。

食道同样被发现同时分布有肠神经系统和躯体神经系统，关于此点的证据已被科学发现和证实。两种神经共同分布支配的比例有很大的差异，有些部分大约占50%，而其他的可能多一些或少一些。

关于共同分布支配最让人惊异的发现是吞咽由头脑和腹脑共同控制。这也解释了通常俗语中的认知性的比喻，像"我只是无法咽下这个观点""这哽住了我的喉咙"。在我们的行为建模研究中，经常会遇到这样的状况，因为身心失调对喉咙部位的影响，我们无法与腹脑传递信息。在本章后面的发现练习中，你也会发现，古代的修道者通过吞咽，从头脑向腹脑发送舒缓疗愈的信息。

平衡自主神经系统：心率变动与和谐一致性

当护士或医师测量你的心率时，他们一般测量 15 秒钟你的脉搏次数，然后乘以 4 来得到每分钟心跳的平均次数。于是他们会在表格上写下你的心率是 76 次每分钟（bpm）。但实际上，几乎不存在这样的平均值。

这是因为，当你的自主神经系统被交感神经支配时，你的心跳加速；而当你的副交感神经系统介入，让自主神经系统达到内稳态时，你的心跳又减缓下来。

心率变异度（HRV）衡量你的心率在每一次跳动之间的变化。因为有了这些与自主神经系统的关联，同时由于念头、感受和环境对三脑的影响，你的脉搏速度和心率变异度都会有所变化。

研究者发现心率变异度可以衡量你和你的心脏应对压力的程度，也可以衡量你的自主神经系统和三脑状态。下面的图就展示了一个处于压力下的人的心率状况。

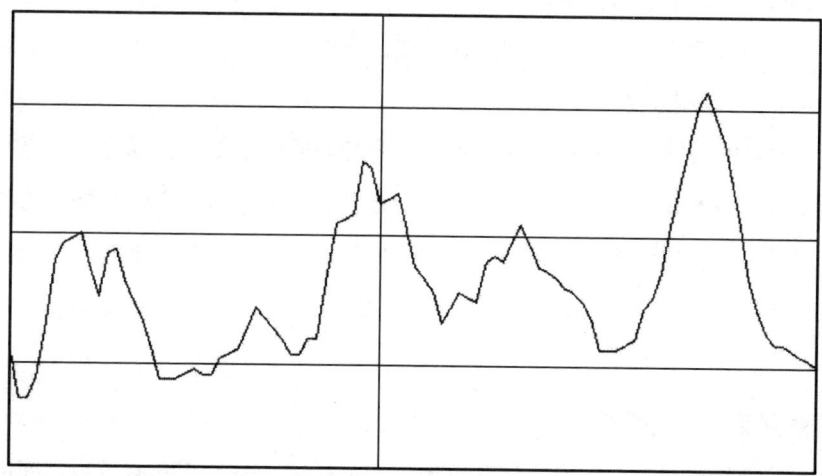

相对比的是下面这个正在进行平静冥想的人的心率图表，此时他正集中在共情、友善的想法和感受上。

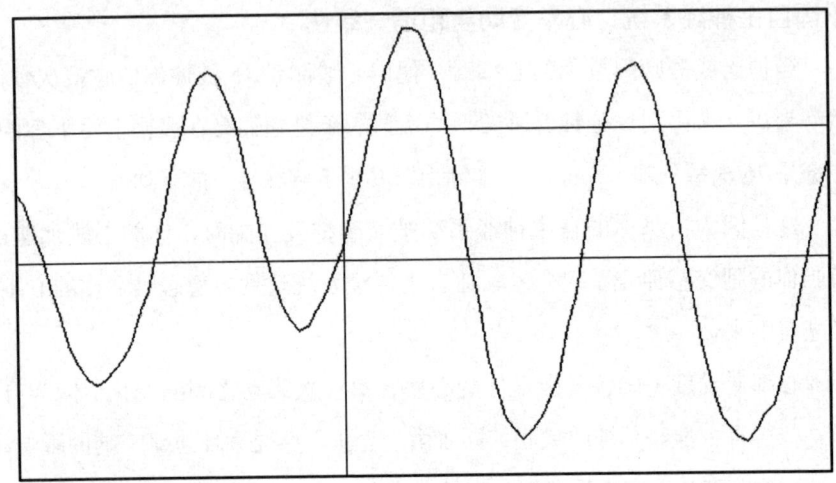

注意,在平和状态下,心率变化多么平缓和均匀。这张图很像一个正弦波。这个正弦波形带有"高度一致"的状态。一致性是描述一个波形在不同时刻如何均匀一致地重复的数学方法。一个混乱、尖锐变化的波一致性比较低,它不是整齐重复的。然而,在高度一致性的状态下,交感和副交感神经系统协调一致,平衡、轻柔地让你的身心达到最佳状态,这就表现为平滑的变化波形。

大量的科学研究发现,低心率变异度是心脏病的重要指标之一。研究还发现,心的高度和谐一致是对心脏的保护。和谐一致使心、想法、情绪得到平衡。它让所有的脑达到共振。当你处于和谐一致的状态时,你会发现自己感到难以置信的放松,你的内心平静下来,压力的水平明显降低。

共振呼吸,平衡呼吸

呼吸是首要的,它是身体和思想之间的桥梁,是意识和潜意识之间的通路。在很多语言中,对于精神和呼吸使用的是同一个词。例如在梵文中的"prana"、希伯来文中的"ruach"、希腊文中的"pneuma"和拉丁文中的"spiritus"。无数的古代传统也相信,比如美洲当地的印第安人,生命在第一次呼吸时进入身体，而不是在降生或者怀孕时。

呼吸与情感状态和心境有直接而紧密的联系。看看那些愤怒、害怕或者烦心的人，你会发现他们的呼吸模式很浅，急促而且不规则。相反地，想想当你感到幸福、安宁和满意时，你的呼吸状态。实际上，如果你正缓慢、深沉和规则地呼吸，你是很难感到烦心的。

由于呼吸是由膈膜这个桥梁连接的，而膈膜是由身体和肠/自主神经系统共同分布的。所以，平和的三脑统合状态会带来自主的平衡，会让身体处于平和的状态并带来和缓、均匀的呼吸。但是，还有另外一种强大的心理机制在这里起作用。这种机制包含所谓的"压力感受反射"，在颈动脉的感受器中被发现。

在你胸部和颈部大的颈动脉深处的动脉窦里，有一种特殊的神经元叫作压力感受器。这些细胞是对张力敏感的机械压力感受器，它们被用来监测血压的变化，将血压变化传递到脑干并最终通过自主神经系统传到心脏。这样的结果是当你吸气时，你的血压下降，压力感受器探测到后导致你的心率加速。当你呼气时，你的血压上升，心率相应下降。换句话说，通过自主神经系统中一套复杂的信息编码过程，这一压力反射活动使你在吸气时心跳加速，呼气时心跳减缓。

为什么这一点很重要？因为它给了你一个强大的通路来调控自主神经系统并且让你的交感和副交感神经系统达到平衡一致。通过平衡、有节制地呼吸，你能够通过压力反射来控制自主神经系统的交感和副交感神经，继而让你的心脏进入一个高度和谐的状态。

简单地说，通过一个大约 6 秒钟的吸入和同样时间的呼出过程，压力反射与膈膜一起，使自主神经系统以及你的多个脑处于一种平衡一致的状态。这一切从对呼吸有意识的控制开始，先让心脏在舒缓的呼吸中处于共鸣状态，继而传递到腹脑和头脑，让它们一起，与心脏共同达到平衡、舒缓的共鸣状态。

这样一个简单的过程，却是非常强大的。现在你知道呼吸为什么与思想和情绪相连了。当你改变你的呼吸时，你就彻底改变了各脑的运行状态。

同时请注意在吸气和呼气之间保持平衡。如果你吸气时间长，就会导致心脏逐步加速从而进入交感神经主导的状态。另外，如果你做很多长的叹气，也就是说，呼气时间比吸气时间长，你的心跳会减缓，进入一种副交感神经主导状态。换句话说，你会感到沮丧。

这些观点想想看是很自然的。我们都看到过一些人惊慌失措时的呼吸状态。同样，当有些人沮丧时，他们会做很多缓慢的唉声叹气。开始注意观察你自己和其他人，让你能够均衡地呼吸以进入心理和生理的最佳平衡状态。

发现练习：平衡呼吸

在这个发现练习中，你会学习到如何做一致的"平衡呼吸"，让你的心脏和自主神经系统进入平衡、连续的状态。

准备

1. 以一种舒适放松的姿势坐好（注意：最好以坐而不是躺的姿势）。

2. 确保你的脊背挺直，肩膀放松。避免尾骨卡住，不要让肩膀前耸，否则会限制你将空气呼入胸部的能力。挺直坐好（没有任何紧张或者用力），延伸你的脊柱，让你的肩胛骨轻轻贴在后靠背上，让头在肩膀上立好（而不是伸出来）以使脖子保持放松。

3. 你的眼睛可以睁开，也可以闭上。开始用鼻子深深地吸气，用嘴或者鼻子呼气都可以，选择一个你最舒适的方式。不要用力。做的时候简单、自然、放松。

4. 保持放松和挺直的姿势，用膈膜来呼气、吸气。感觉你的膈膜自然地在吸气时降低，在呼气时上升，让你深深的呼吸自然地扩张你的胸腔。

5. 将呼气时身体的感受与深深的放松结合在一起。不要强制呼气。深深地呼气，不要让身体产生任何紧张。保持放松而又挺直的姿势。

平衡你的呼吸

6. 现在想象一幅正弦波的画面。想象这个正弦波有 12 秒的跨度，其中有大约 6 秒的上升部分和 6 秒的下降部分。

7. 想象一个球正沿着正弦波移动并开始与呼吸同步。当它沿着波向上移动时，轻轻地从膈膜吸气 6 秒钟。当球沿着波形下降时，轻轻地从膈膜呼气 6 秒钟。试着让吸气和呼气在这个想象的正弦波的顶部和底部之间的转换更平缓。

8. 记住通过膈膜吸气入胸腔。保持脊背挺拔，肩膀和脖子放松。

9. 以深沉而放松的方式保持平衡的呼吸几分钟。和谐一致的状态保持的时间越长效果越好。即使是几分钟的和谐一致状态也会大有裨益。科学已经证实，这个练习所带来的心智、情绪和健康方面的益处非常持久而普遍。

学习

10. 完成这项练习之前，花一些时间了解你的心智、情绪和身体情况以及整个状态的变化。注意你体会世界方式的变化以及你对现在发生的事情做出不一样的反应的能力。

注意：为了帮助你，我们制作了一些节律呼吸的 MP3 音频。可以通过网络（www.mbraining.com）免费下载，帮助你有节奏地吸气和呼气。

通过心所感受的核心情绪来放大一致状态

在神经语言程序领域，有一个控制圈的模型，概述了这一深层理解，即身心以一种强大的控制环相连接——你的大脑和身体相互联系并相互影响，它们不是泾渭分明、彼此分离的，影响到一个，就会影响到另一个。控制圈模型可以用下图来总结。

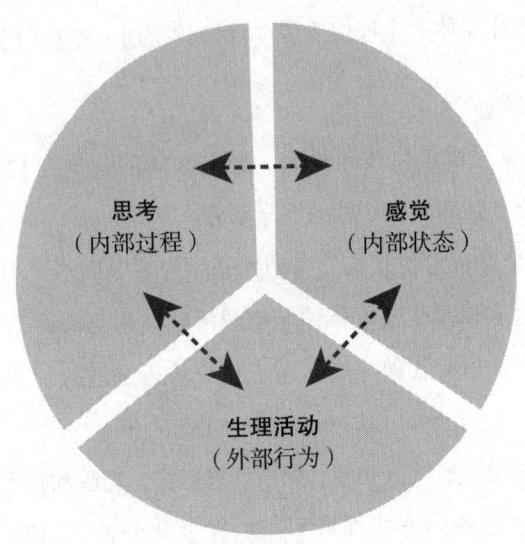

这个模型展示的是，你的思考（你的内部过程——想法、想象、观点）与你的感受（你的内部状态——你的感情）相联系并彼此相互影响。你的感受同时回过头来与你的生理活动（你的外在行为——身体、呼吸、生理状态）相联系并彼此影响，同时与你的思考相互作用，形成了一个环。控制的过程从两个方向运行，三个部分中的每一个都影响到其他两个。

所以，每当你想到悲伤的事情或是想象令你不快的画面时，你就会开始感受到悲伤或者压抑的情绪，这又回过头来让你弓身塌背，呼吸减速，肌肉紧张。这些生理上的变化引起更加负面的思考和感受，放大了负面的生理状态，导致一种越来越消极的体验或态度上的螺旋下降。你可以在那些非常沮丧的人身上发现这一点，他们用身体的姿势来传达自己的沮丧，他们很少向上看，也不可能微笑或者深深地饱满地呼吸。他们行动很缓慢，了无生气，缺乏精力。他们也常常想法负面，较悲观。

相反地，成功螺旋可以指向正方向发生作用。如果最近有什么好事发生，或者想到你生活中一段很积极的经历，你会开始体察到正面的感受和情绪。你的身体姿势会更挺拔、开放和舒服。你的肌肉会放松。呼吸会更饱满简单，给你的大脑和身体带来更多的氧气。你会微笑，会产生更多的正面想法和感受。螺旋继续发生,在你的身体和思想中制造积极的改变。

控制圈同样在你三脑的关系中发挥重要作用,特别是在情绪和自主神经系统平衡之间的联系上。当你集中在正面情绪上时,你就会有效地提高你心脑和腹脑的平衡一致性。

由于心脏的主要功能是关系、爱、连接和价值观,当你通过平衡呼吸将精力集中在这些情绪和经历上时,你就会放大控制圈在你多个系统间的作用。实际上,心脏数理研究所的研究表明,你在做平衡呼吸并且将精力集中在心脏所感受到的正向积极的情绪上时,会强烈地放大你的心脏和自主神经系统的一致性。

发现练习:放大情绪

在这个发现练习中,你会学习到通过呼吸和沟通将积极情绪注入心脏,并将这些信息传递到你的头脑和腹脑,来放大你的平衡呼吸。

1. 舒适地坐好,开始前面所说的平衡呼吸练习。

2. 在经过几分钟的"正弦波"(吸气6秒钟,呼气6秒钟)呼吸而达到平衡的状态后,开始想象或回忆能够产生强烈积极情绪或感受的场景。可以是你童年和家庭的记忆或者一些庆祝活动、取得巨大成就的时刻、你喜欢或者非常热爱的事情等;或者想象你完成未来目标的场景,创造性地描画,像发生了一样去设想。

3. 选项:你可能想给你正在体会的积极情绪或感受贴上某种语言标签(爱、幸福、平和、欢乐等)。许多人发现在这个练习接下来的步骤中使用语言标签是非常有用的。

4. 当你全然地感受与你的记忆/想象的场景相关的积极情绪或者感觉后,将呼吸带入心脏区域,感受你的积极情绪随着每一次呼吸充满了你的胸部和心脏区域。感受所有的紧张和不和谐的情绪都随着每一次的呼吸离开身体。

5. 继续保持你的平衡呼吸，想象并感受你的积极情绪向上扩展到你的头脑。你会发现吸气时很容易向上发送信号。

6. 持续呼吸，从心向上到头，注意观察当与你的心和它的积极情绪相连接时，你的想法的改变。

7. 保持这种头和心的连接，将呼吸再带回到心脏区域。

8. 现在持续呼吸，将这种积极情绪从你的心脏往下带入肠部。感受随着吸气你的下腹部自然扩张（你会发现，保持脊背挺直，对你的骨盆轻微而自然地移动会非常有帮助）。想象并感受积极情绪充满你的下腹部/肠部区域。

9. 觉察你对"自我"感觉的改变：身体感官的改变，肌肉紧张的释放，自信心以及安全感的提升。

10. 当你全然地感受了腹脑中的改变以后，通过呼吸将这些改变带回到心。允许每一次平衡的呼吸从腹到心向上传递信号，感受这两个脑之间的连接。

11. 现在再一次呼吸，主要吸入心脏区域。跟随每一次平衡的呼吸，体会心脑、头脑、腹脑的连接所带来的积极情绪。将这种感觉带到你的整个身体中，注意体察"我是谁"这种感觉的提升，以及对你的整体状态带来的变化。

发现练习：吞下一个微笑

在这个发现练习中，你会学习到如何用吞咽来从头脑向腹脑传递强烈的信息。这个练习来源于大师玛塔·贾伟大的研究。它从古代道教对于头、心和肠神经系统如何共同支配食道的研究而得来。你可以从网站 www.universal-tao.com 得到大师"普世疗愈之道"方面更多的细节信息和方法。

1. 舒适地坐好，集中在呼吸上，一直到你能够轻柔、舒缓、深深地、均匀而又平静地呼吸。放松你的前额，让你的眼睛、耳朵和舌头松软下来。让脸部舒缓放松。

2. 想象自己处在一个非常美丽、你非常喜爱的地方，四周都是优美的自然风光。开始微笑，当你感受到这美丽的地方带给你的喜乐和幸福时，扩大你的微笑，在你的脸上、你的嘴角、你的眼睛里感受它。

3. 让你放松、微笑着的意识轻轻流过你的两颊，流过下巴的肌肉和舌头，再经过脖子和嗓子，轻轻地舒缓地流过。

4. 让微笑流过你的胸部和心脏。去感受所流经的地方就像一朵鲜花盛开，爱、喜乐和幸福从中涌出。保持平衡呼吸，在这一呼一吸中把心中的爱和喜乐带入你的微笑，沁入你嘴里的唾液中。

5. 让舌头在口中回转，直到口中有了一些唾液。对这些唾液微笑，将微笑的能量和金色的光投入唾液中，让它变成美味的具有疗愈作用的甘露。真真切切地感受它，品尝唾液中那金色甜蜜的微笑。

6. 分2～3次吞下唾液，自在地、积极地吞咽。带着意识跟随它来到食道，保持微笑，感受这疗愈的甘露抚慰着你的食道，让你的食道焕然一新。

7. 继续微笑着流过你的消化道：胃、小肠、胆囊、大肠、直肠、膀胱和尿道。感谢这些器官的工作给你提供能量。

8. 让意识再一次回到你的微笑和你的眼睛，再一次充满你微笑的能量，引导它们围绕于你的四周，就在这里，一个世界上你最喜欢的、最美丽的地方。

9. 你的心、脑和身体以及灵魂充满了内在的微笑——现在，你的内心深处充满了生活的喜乐，回到这里，回到此时此刻。

运用生物反馈工具

运用生物反馈工具，你会大大提高将心带入自主一致状态的技能。市场上有很多并不昂贵的工具，我们都广泛地研究使用过，推荐给大家。新的制造商和模式不断出现，你可以查看我们的网站 www.mbraining.com 来获得我们推荐的性价比高的工具和系统的详细信息。

使用这些生物反馈工具的好处在于，它们能够提供及时的、图像化的客观衡量指标，让你了解你现在的心率、心率变异度以及你在不同时刻和谐一致性的变化。这些工具通过置于耳垂、手指上的感测器搜集信息，然后通过电脑屏幕展示心率变异度、和谐一致性和其他重要测量数据的实时信息。一些工具还在测量心跳和心的和谐一致性数据矩阵的同时，通过跟踪皮肤的直流电阻来提供所承受的压力水平的信息。

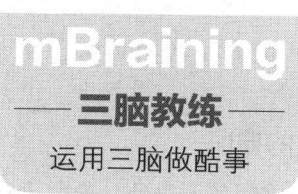

第五章

三脑协调一致

"一个自我分裂的房子是不可能立住的。"

——亚伯拉罕·林肯

和谐一致和神经统合性的参与

如果你的心脑满怀激情地告诉你一件事,但是腹脑却坚决不同意,会发生什么事?或者当你的头脑对心脑或腹脑传递过来的信息有意见时会怎样?你纠结过吗?如果你曾经有过,你并不孤单。我们的行为建模研究发现,这样的经历是很常见的。

各脑之间的不配合、不协调会减弱解决问题的能力,导致困惑并最终造成行为和结果的不一致。这简直就是在破坏你自己的成功。我们都有类似的经历,不管是自己还是周围的人。想想那些你被某个决策折磨的时刻,想想当你身体的一个部分同意而另一个部分不满的时候。或许你并没有达到事情原本能达到的最理想的结果,为了成功,你需要所有的脑协调一致地合作，来支持你的成功。

外在世界是你内在活动的显现

你的各脑内以及它们之间的不一致性通常会通过你的身体姿势、微小肌肉运动、面部表情以及非语言沟通等展示出来（通常在你不经意间）。通过诸如神经语言程序之类的方法，你可以学习到如何观察到这些迹象。

同样地，你所感受到的任何不一致会通过非语言表达传递到其他人的潜意识，从而削弱你与他们成功建立关系的机会。这也就是自我实现的预言如何在人际关系中发生作用。理论上说，我们通过三脑表达沟通所有的信息，并且从他人对我们的反应中概括出自己的期望。

举个例子，如果某个人发送了不一致的信息，你在腹脑或者心脑里感受到一种直觉：不要去信任这个人。这又反过来影响到你自己的决策和行为，你会最后反射回去这种不信任。最终会放大为一个相互不信任的循环，对你们两人一起工作及建立关系造成障碍。

所以，内在的通达一致无论对于你和自己相处还是和他人共处都是至关重要的。你所有行为结果的成功或者终极的智慧都需要你在各个层面上达到通达一致。

这就是为什么三脑统合技术导图的初始步骤之一就是"通达一致"。

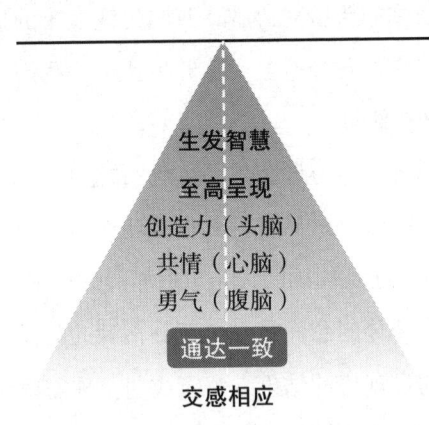

导图是如何工作的

正如你在上一章了解到的，导图的工作方式是，首先你需要与你的各脑沟通，将它们带入一种平衡、和谐一致的状态。有了这种状态才会允许你进行下一步，使它们调频到通达一致的状态，那种流的相互呼应的匹配状态。

这一章我们将探索如何进行这一步，你一旦掌握了这一点，就会在接下来的章节中学习到如何利用你各脑的"至高呈现"来促成不可思议的改变，在人生的道路上创造更多的智慧和成功。

三脑统合技术原则：由心引领

你的心是你的向导和指南针，它轻声呢喃，请靠近倾听。

作为传统中医的基础，古代道家智慧告诉我们，心是帝王而腹是大将（心者，君主之官；小肠者，受盛之官——《黄帝内经》）。换句话说，心脏是领导者，设立方向；腹作为大将激发行动。你确实可以与心相抗争，但这需要能量并且会让你精疲力竭。心提供激情、渴望和方向，因为它与价值观相连。腹脑提供勇气、动力和行动。

三脑统合技术的原则即来源于此，正所谓"由心引领"。行为建模和神经心理学都为心主导的一致性提供了证据支持（详见上一章）。

这是一个有威力的原则，它给出了三脑统合技术的基础顺序，接下来你将要学习用这个顺序来统合你的三脑。

三脑统合技术的基础顺序

"从心来，到心去。"

——耶利米·巴勒斯

我们发现，当你要统合三脑时，你工作的顺序能对结果造成很大的不同。事情的难易程度、最终结果的质量，很多时候是因为三脑的工作顺序不同而造成的。

那是否存在一种最优的顺序？通常来说，是的。我们已经通过行为研究发现，对于大多数人来说，有一个最佳的"神经逻辑匹配"顺序，我们称之为三脑统合技术基础顺序。

具体的人和具体的事件或许需要因地制宜的顺序，但是作为一个普适的原则，我们发现三脑统合技术基础顺序能够最佳地引导三脑的校准、统合和通达一致。

从心开始

因为由心引领，所以三脑统合技术的基础顺序从心开始。一旦心参与并且创造出一种交感和副交感平衡一致的生生不息的流动状态，接下来就是将此体验或者信息传递给头脑。

当自主神经系统达到一种同步的、和谐一致的状态时，也就意味着头脑的左右半球开始同等程度地参与。三脑之间的交感相应地再从头脑回到心脑，从心脑到腹脑，一路上收集动力并创建整个三脑系统的协调一致。

基础顺序是：

心→头→心→腹→心

这个顺序有个逻辑。通过有意识、有控制的呼吸，专注在激情和积极正面的情绪上，心脑会顺势改变。心脑的首要功能也是关于价值观、激情和连接的，所以从心脑开启的这种校准过程就会涉及价值观及重要性。

然后来到头脑，把创造力和富有生产力的复杂性带入体验中，以富含激情、共情和连接的方式完成这一步。从头脑回来再经过心脑，再一次增强这种由衷连接着的感受。最终去到腹脑，将干劲、身体动作和意志带入行动中，此时这个行动是具有创造力的、共情的和经过校准合一的行动。这个循环在心脑完成，使其上升到一个重要的、有目的的、积极的层面。

需要注意的重要一点是，这并不仅仅是隐藏在基础顺序后的逻辑。实际上，这一顺序已被科学和神秘智慧所证实。更重要的是，它是在行为建模基础上发展起来的，而行为建模告知我们，人可以天生协调三脑。有真人版的案例，他们与他们的各脑工作，保持各脑间的交流感应，并统合他们的多个脑。当我们检视他们如何能够创造如此惊人的结果时，我们发现他们遵循了这个基础顺序的行进过程。

发现练习：通达一致

现在，是时候运用你的所学，按照三脑统合技术的基础顺序来引导你的三脑协调一致了。在这个发现练习中，你会先通过平衡呼吸进入一种内在统一的状态。从心脑开始，你来探索统合你三脑的不同核心能力，然后是头脑，再经过心脑到达腹脑，最终回到心脑结束。

这个发现练习与激情（心）、好奇（头）和有干劲的行动（腹）这些核心能力协同工作。你还可以改变一下这个练习，统合任何三脑统合技术核心能力框架中所列出的平衡状态。

1. 想一个问题或者情境，可以体现你更多的激情，采取更多的有干劲的行动。

2. 现在舒适地坐好或者站好，开始第四章所描述的平衡呼吸练习。

3. 当你按照正弦波型平衡呼吸几分钟后（吸气6秒，呼气6秒），开始回忆或者想象一个能够让你内在有强烈激情感受的场景。可以是投入一项过去所喜爱的活动，或者在未来渴望去尝试的活动。当你这样做的时候，试着与这种升起的激情感受牢牢地连接。

4. 当你全然感受这种激情时，将呼吸带入心区域，感受激情随着你的每一次呼吸充满你的胸部和心。每呼吸一次扩展一次这种感受，至少扩大

10倍，去感受那个深入的、丰富的、充盈内心的体验。

5. 现在开始想象并感受你的激情向上扩展到头脑区域。当你向上发送激情信号时，你的头脑变得充满了好奇。对这股激情的本质抱着好奇的想法去探询和认识，发现各种可能性来表达你对这股激情的感受，从激情带来的强烈感受开始，探索新的方式去看世界，去理解这个世界。

6. 现在，开始用呼吸将这种强烈的好奇心从头脑带回到心。感受好奇心与激情和谐一致并强化你对激情的感受。

7. 现在，继续保持平衡呼吸，让来自心脑的激情感受与头脑的好奇结合在一起，沉入你的腹部。有了你的激情和好奇心的结合，腹部智能中心会本能地前行，采取一些积极的行动，去感受那些感觉和脉动的信号。让这种有干劲的行动感受充满你的整个下腹部、臀部和腿部。将这种有干劲的行动感受放大10倍甚至更多。

8. 现在，通过呼吸将这种有干劲的行动感受带回到你的心脏。当你将这些信号向上传送时，允许每一次平衡的呼吸帮助你越来越强烈地感受到心脑的激情、头脑的好奇和腹脑的行动之间的统合一致。将这种流动扩展到你的全身，注意体察，随着你对"我是谁""现在什么对我真正可能"的认识不断提升和扩展，注意你的整个状态的改变。

运用神经统合式参与法（NIE）扩大统合程度

当我们说统合多个脑时，我们追求的是它们彼此在接收和发出信号时都能达到最佳状态，同时能够以最佳状态回应和同步它们所接收到的信息。为了做到这一点，我们会用到"神经统合式参与法"（NIE）。这是一个放大三脑的信号并提升各个神经网络之间统合度的过程，能提高你使用神经统合式参与法的能力和你与三脑协同工作的成效。

关于如何与神经网络实现最好的协作，如何放大或者提高多个脑之间的神经统合式参与的程度，有一些关键原则，这包括：

- 运用任何方式来让神经网络进入一种接受的状态来发送或者接收信号（例如，是在一种和谐一致、连续贯通、信任的状态中）
- 运用任何方法来引导多个神经网络之间的沟通
  ◎ 让信号最大化到噪音程度
    采用任何可以放大沟通信号（更清晰、更大声、更频繁等）的方式
    采用任何可以减少噪声和干扰的方法
  ◎ 任何移除阻碍并且允许信号通行的方法（我们将会在下一章讲到神经统合阻碍）
- 采用任何方法来消除神经网络中的功能不良状态（例如消化不良、对抗疾病等）

当把这些原则用在我们自己和其他人身上时，我们发现了以下非常实用有效的神经统合式参与法：

- 视觉化和想象
- 声音
- 肢体动作和触摸
- 气味
- 口味
- 次感元
  ◎ 位置和距离
  ◎ 大小
  ◎ 明亮度
  ◎ 温度
  ◎ 色彩等
- 吞咽
- 符号和隐喻

- 语言和催眠
- 最小化神经性困扰

在本章剩下的部分，我们会探索建模工作中发现的各种神经统合式参与法的细节。

三脑统合技术关键原则：运用多个感官程式

当我们与各种神经统合式参与法工作时，需要了解的三脑统合技术的一条根本原则是：无论心脑还是腹脑，主导的感觉模式都是动觉（kinesthesia，神经语言程序用于感觉的术语）。就像我们在上一章中所讨论的，心脑和腹脑以"感受到感觉（felt sense）"和一系列内脏动觉体验来沟通，这一基础顺序从你的心和胸部投入一种积极的情绪状态开始。然而，正如你通过实践经验所了解到的，你的每一个感官程式都能够产生出它自己的动觉形式。我们能够从我们看到的、听到的、感受到的、闻到的、品尝到的产生一系列不同的感受。当我们将诸如视觉、声音、气味和味觉等更多的感官程式加入其中时，头脑和心脑内部以及它们之间的神经网络和沟通渠道就被放大了。比如，同时运用视觉程式和动觉，它们一起会产生出强大很多的统合性参与。

视觉化和想象

我们知道，视觉化和想象能够产生强大的效果。对一些人来说，给一个感受加入一个视觉化的象征会让它效果倍增。加入视觉化最简单的方法之一是给感受加上一束有色彩的光，有很多种有创造性的方法来运用视觉化和想象力。例如，你可以用一个记忆中的经历或场景与这个感受匹配；或者你可以运用创造性的视觉化或者想象，得到一个能体现你现在感受的标志或者形象；或者，你可以相信你的潜意识，让它自动给你的意识带来合适的画面。

运用色彩

通过把色彩的使用加入视觉化中,能够强有力地、有效地提升神经投入度。不是仅仅在心区域产生一种感受,而是想象心中充满一种与感觉相匹配的彩色的光。你现在就试一下吧。大部分人都注意到,增加一些与心中的感受相配合的有颜色的光,能够给体验增加额外的维度和深度。

然而,在不同的玄奥传承中,关于色彩的运用有一些小的差异。普遍的看法是,以下这些颜色与特定的智慧和核心能力相关或能够起到支持作用:

- 心——绿色或粉色对应共情
- 头——蓝色或紫罗兰色对应创造力
- 肠——红色/猩红色或橙色对应勇气

备注:根据个人的偏好灵活调整

然而,你应该保持弹性,让每个人都能够自然地运用各种颜色,以使每个脑以及各种能力都能发挥最佳作用。如果我们教练的对象无法根据个人习惯自然地选用某种色彩,我们倾向于建议只是运用以上色彩。

案例研究——卡拉

我们与卡拉一起,就几个特别焦虑的问题来对她进行三脑统合技术教练。我们从三脑统合技术平衡呼吸开始。当她进入和谐一致的状态后,我们要求她将积极的情感吸入心部。当这样的呼吸稳定地持续着,她能够在每一次呼吸中感受到和保持着由衷的共情心时,我们让她将这种感觉从心向上移到头部。什么都没有发生。卡拉停下来,告诉我们这种感觉并没有移动,她实在不能让它们到达头部。现在是时候用一些神经统合式参与法来放大这个练习的效果了。

于是我们再次回到原点。这次，随着共情的感受，我们让她将共情的颜色随着每次呼吸吸入进来，不管对她来说是什么颜色。卡拉说这种共情心是一种非常清晰的薄荷绿。这次，她的心中充满了生机勃勃的绿光，带着强烈的共情感受，她很轻松地将这些光和感受移到了头部。在那里，我们让她再增加一些创造性的感觉以及与此相关的颜色。然后，两种颜色一起旋转，又回到了她的心部，然后来到肠部，在那里，她又增加了一种深红色，代表勇气。你能够立即看到卡拉身上的变化。统合发生了，在她的整个神经系统中，三脑之间达到了协调一致。

卡拉非常惊异于这个简单练习的强大魔力，她吃惊地看到自己的焦虑消失了。她现在很高兴，以后再遇到原来造成她困扰的事情时，她拥有了一个新的强有力的武器。这次简单的三脑统合技术教练课程过去了12个月之后，她告诉我们说，这个技巧对她仍然有用，而且她已经将之普遍运用到生活的各个方面了。

运用声音

对一些人来说，声音确实能够提升体验，加深神经的投入度。对于基础顺序的每一个部分，无论是内在还是外在，与一种声音相关联都为其增加了一种全新的维度。同样，对于什么声音与哪一个脑相关联，并不是所有的玄奥传承都有一致性的意见，但下面这些是大家广泛认同的：

- 心——"Ah"对应共情
- 头——"Oh"、"Om"或"Eee"对应创造力
- 肠——"Ki"、"Ai"或"Ha"对应勇气

备注：根据个人的偏好灵活调整

通常来说，声音和语调在人类的沟通中承载了大量的情感意义。改变词语或者句子的音调能够完全地改变它们的意思。只是简单地将句子结尾

的音调上升，就能够将表达从命令口气改为疑问口气。

我们同样知道，音乐能简单而有效地激发情绪反应。与听一段旋律悠扬的情歌相比，重金属音乐会产生完全不同的情绪体验。

在你的内在对话中，注意使用舒服、舒缓的声音和使用愤怒、好斗的声音的巨大差异。或者试着用一种听起来像迪士尼人物的声音和自己对话，会产生非常不同的情绪回应，不是吗？

作为神经统合式参与法的一种方法，想要运用声音来同步放大正在激活的神经状态，对很多人来说，只是简单加入声音就能够对状态产生根本性的改变。

肢体动作和触摸

动作和触摸对我们每个人来说都是很重要的感觉，特别是对于一些人来说，动觉是他们感知世界的主要方法。这些人需要通过动作、触摸和各种感受来纳入体验，这样他们就能够与他们的体验关联上并且理解此体验的意义。当困在某种状态时，有些人只能通过移动身体来跳出这种被困的状态。而许多人只是通过触摸或故意移动身体的躯干下部/骨盆区域、胸腔区域、头/脖颈/肩膀区域，就能够更容易、更有效地吸气进入那个对应的脑并且调动那个脑。

在所有的案例中，动作和触摸都能够大大增强我们的各神经网络的参与度和它们之间的沟通，这一点对于在第四章描述的我们身体上的门户点——由交感神经和副交感神经协同分布的关键肌肉群尤其适用。有意识地移动或者触摸这些区域能够在各脑之间发送非常强烈的信号。

如第三章所讨论的，我们知道对腹部区域进行按摩能够释放强烈的情绪。触碰、轻抚、按摩这些连接着某个神经网络的区域能够引起那个神经网络的反应。相似地，从一个区域轻抚到另一个区域能够促进这两个区域以及它们连接着的神经网络的统合。

运用一个行为上的体验和例子，现在请试着将一种由衷感受到的情感（比如爱）吸入你的心脏区域和胸部区域。请留意这样做是容易还是难。现在，将两只手放到你的心脏区域之上的胸口，想象将爱吸入你的心里。当你触摸自己的心时，你有没有感到更容易感受并触发这些爱的感觉？现在将爱的感受从心部移到头部，当你这样做的时候，双手轻抚胸部，向上移动到喉咙和脸。加上这种抚摸和移动，是不是更容易了？如果你像大多数人一样，你会发现触摸会加深这种体验。

注意：以上的例子专门用于自己。当教练他人时，你需要尊重他人的身体界限，相信对方，意识到触碰对方身体一般是不合时宜的，因而不推荐。

心脑和腹脑会极度地专注于气味和口味，这些是原始经验。有大量的研究发现，我们能够闻到危险、恐惧、吸引力和生殖力的味道。你或许还记得我们在第三章所描述的研究，味觉/嗅觉的恶心对于精神上反感的影响。

正如我们在芳香产业中了解的那样，气味与浪漫、吸引力、连接紧密相关，这也是世界上每年有如此大量的金钱花在香水上的原因。所以，如果你想要显著放大动觉的状态，使用与你想要触发的感受相匹配的气味和口味。

在我们的行动研究工作坊中，我们曾运用巧克力的香气和口感去激发并放大完成目标的渴望和动机。你可以访问我们的网站来了解更多更详细的关于气味、口味和情绪之间的联系。

运用次感元增强作用

次感元是神经语言程序领域里的发现，是所有感官的建构插件，它们构造了我们感官体验的意义。对于我们的每一个感官形式（景象、声音、感受、口味和气味）来说，它们的下一层组成就是我们所称的"次感元"。以景象来说，你脑中的图像包括这些次感元，比如大小、焦距、远近、位置、颜色/黑白等。

或许理解这个概念的最简单的方法是现在尝试一个脑海中的画面。回忆上一次你的度假并在脑海中形成画面。用你的"心灵之眼"注视这幅画。注意这幅画有多远，它离得很近呢还是在几英尺以外？它有多大？颜色和焦距呢？它在哪个位置，从你的视野看是高还是低？

神经心理学的研究表明，内在成像或者视觉化所用到的神经回路与外在成像和看见事物所用的基本上是一样的。所以，你头脑中的图像与外部的影像用到了同样的次感元。就像你在现实世界中看到的物体有距离、焦距、位置等一样，当你回忆起或者在幻想中创造一个图像时，也是同样的。

现在，最有意思也最有用的一点是，图像的次感元构造了图像的意义。当有意地改变次感元时，你对于图像的客观感受也就改变了。举个例子，想象一件你非常在意的事情，对你来说非常非常重要的事情。注意图像在哪个位置以及这个图像有多高，同时关注一下它有多亮、有多近。

现在，想象对你来说很恶心的一幅画面，一件你非常痛恨或者有一种强烈的想要走开的感受的事情。注意这幅图像在哪个位置。对于大多数人来说，这幅图比那幅你非常认同的图像要低。它通常不够明亮而且很遥远。普遍来说，一种体验对你越重要，它在你脑海中的位置就越高、越近，也越亮。

花点时间，做做这个试验。回忆你非常在意的事物的画面。现在，让画面远离，让它变得非常小而且很昏暗，甚至有一种黑白的感觉。现在，当你看着这个遥远、微小、昏暗的画面时，你主观上感受如何？对于几乎所有人来说，这个过程让他们原本在意的事物变得重要性减小，意义降低。

现在，让这个图像回到近距离的、明亮的、大大的而且色彩浓烈鲜艳的状态，就如同你喜欢它的方式。（你在心里能感受到，不是吗？！）

这就是次感元的魔力。它能够提升或改变你的体验，让你对记忆和想法的意义感改变。这一练习不仅对你的视觉次感元有效，对于听觉、动觉（感受）、嗅觉同样有效。听觉次感元包括音量、音高/音调、位置、单声道或立体声等。动觉次感元包括温度、动作、位置、持续时间等。嗅觉次感元包括各种各样的气味，像辛辣、刺激等，还包括气味的位置、强度等。另外，味觉次感元包括各种类型的口味（甜、苦、咸、香、辣、淡、肥腻、金属味等）以及口中、舌尖和嗓子上的味道和它的厚度、质感。（想要了解更多更详细的关于每个感官次感元，你可以访问我们的网站 www.mbraining.com）。

将这些同你的三脑神经活动相联系，你能发现什么？你对这个统合过程的感觉体验越深刻，它的效应就会越强烈。次感元就像放大器，能够通过它们来让感觉扩大、增强并且更加温暖。通过更多的动作和强度，你能够让画面更明亮、更饱和，图像更近、更大，并且会移动。声音、味道、味觉都有次感元。运用它们来强化三脑统合技术过程，你会发现神经统合更深刻也更有效。

吞咽

如同第四章所描述的，食道分布着肠神经系统和躯体系统并由它们共同支配，所以吞咽是由腹脑和头脑共同控制的，也因此增强了两者之间的联系。舌头和嗓子是自主系统控制的门户，所以被用来强化神经统合。

尽管看起来很令人吃惊，但吞咽确实能够产生深远的和谐一致和同步作用。反面的例子证实了这一点的真实性。当我们被情绪吞没时，常常会噎住，这是身体的无意识反应，用来限制和控制情绪化反应。当人们面对一些他们很害怕而又不得不去做的事，但最终接纳了要去做的时候，他们会哽住。为了克服惊恐并采取行动，人们发现必须咽下他们的恐惧。这些和许多其他的味觉行为体验都表明了吞咽这个动作能有多么强大和通用的作用。

运用符号和隐喻

在我们的一项行动研究（Action Research）工作坊中，有一个学员发现运用色彩来定义感受对他来说不起作用。但是，当他将颜色变为珠宝并且在他的每个脑中都想象大而美丽的珠宝，每一个珠宝对应及代表着一种感受状态时，他立刻体会到神经统合参与有了一个强大而彻底的转换，并且感受到神经的参与度放大了。用绿宝石、钻石和红宝石分别代表他的心、脑和腹，不仅为他提供了强有力的标志物，还给出了非常有带入感的颜色以及意义。这招对他真的管用。

关键在于标志和隐喻是我们的神经网络沟通的众多方式之一。心和腹从来不用复杂抽象的口头语言，所以用标志和隐喻来代替能够带来更深入的神经参与。然而，这并不是对每一个人都适用，有时增加额外的一层认知处理过程，会给核心处理程序增加负荷或者干扰它的运行。标志和隐喻对每个人都必须独特。所以，要仔细倾听它们，并且小心地根据每个人的客观世界的不同来使用它们。

运用语言和催眠

在第三章中，我们描述了大脑中的前扣带皮层如何在大脑额叶同心脑、腹脑的沟通中起到关键节点的作用。正如我们所说，前扣带皮层密切地参与鼓舞干劲、冲突监测、错误探测、回报预期、决策制定、同理和情绪的过程。它还参与调控血压和心率。另外，前扣带皮层还深入参与处理内脏痛感中的情绪部分。

所有这些都非常有意思，也为心脑和腹脑的核心功能提供了支持。但更有意思的是对于催眠以及催眠对前扣带皮层影响的研究。研究发现，催眠能够用来调控前扣带皮层对于不良和疼痛刺激的反应。在一个试验中，在没有改变体验强度的情况下，催眠被用来选择性地改变一些不良刺激的不悦感。正电子发射 X 光断层摄影显示，与感受到不快的编码过程一致，在前扣带皮层中引发痛感的活动发生了非常显著的改变。这些发现表明，前扣带皮层对于催眠过程中的指令高度服从，因此，催眠语言可以成为一种扩大神经统合活动的非常有力的方法。

这一观点同样得到了另一项催眠技术研究的支持，即催眠技术在胃肠道能动性及知觉上的运用。研究结果非常清楚地显示，催眠指令显著地影响了对直肠扩张的感知，同时增多或减少了结肠的能动性。心脑和腹脑对催眠的指令和处理过程做出了回应。

在第三章中提到的认知语言学也承认语言和隐喻对我们的各神经网络中感知和回应的影响。语言和隐喻的作用被广泛地体现出来。这意味着当你运用预先假定会影响腹或者心功能的语言时，你会增强与此假定相一致的神经反应。例如，如果你想让某个人将他的腹脑与某种结果或者改变相一致的话，你会通过一些语言增强这种影响，比如，"现在，你可以轻松地消化这个观点并深深地吸收它"。

然而，本书中并没有包括对于催眠语言处理的广泛探索或者高级预测模式的使用，我们会将更多这方面的资料以及音像制品等公布在我们的网站（www.mbraining.com）上。

另外，非常有用的一点是，心脏对于嗅觉体验反应强烈，因此对于嗅觉预知同样反应很大（想象对于浪漫感情来说，香味是多么重要，我们又是如何用芬芳的花朵来表达我们心中的爱的）。另一方面，腹脑对口味和味觉预知也有强烈反应。

减少神经逻辑干扰

"要在晚宴前开会，吃饱了的肚子痛恨思和行。"

——本杰明·富兰克林

正如本杰明·富兰克林多年前所说的那样，当肠忙着消化一顿丰盛的大餐时，它是不能做最佳的思考或者工作的。不要期望食物填饱肚子后，还能够调用出着实的智慧、勇气和决心。我们都直觉地知道这一点，生活经验也告诉了我们这一点。玄奥和灵性传承同样包括了这一点，这也是他们会在进行重要的仪式或者试图连接深层直觉时先断食的原因。这些都是很好的例子，证明了神经上的注意力分散对我们的影响以及克服它的重要性。

为了让我们的各脑之间和其自身内部的沟通最大化，我们确实需要让信息的传递和加工过程达到最佳状态。为了达到这种状态，我们就必须将神经上的注意力分散减少到最小，比如：

- 留意到干扰——强烈的情绪、吃得很饱等
- 听/感受到所传递的信息需要安静
- 断食来放大所传递的信息，比如移除干扰

所以，不要在精疲力竭、一个非常吵闹的环境中或者承受着巨大的外界压力的情况下运用三脑统合技术。给自己时间和空间让你的神经网络安静下来，给它们提供最好的条件促进沟通和统合的发生。

发现练习：运用神经统合活动

现在又是将你所学习到的神经统合式参与法运用到实践中的时候了。在这个练习中，你会使用三脑统合技术的基础顺序，加上各种神经统合式参与法技巧，共同提高每个神经网络的投入程度。

有很多利用神经统合式参与法的工作方法，下面只是探索和试验这些方法的一个开始。你会想要通过一系列的变化和组合来发现在特定情境下对你最有效的特殊的神经统合式参与法。

注意：你可能想要让人给你读这个练习，以便你能够专心地放在体验上。或者，你可以到我们的网站 www.mbraining.com 上来下载这个过程

的音频。

1. 想象一件事或者一个情景，你想通过这件事或情景体会与核心价值的深度连接，同时也能和谐一致地体现在你的行为中。确定一个特定的事件或者情景，确定特定的核心价值。核心价值的例子包括喜乐、平和、幸福、爱、正直、尊重、感谢、诚实等。

2. 舒适地站好或坐好，开始第四章描写的平衡呼吸练习。

3. 一旦你按照波形（吸入6秒，呼出6秒）平衡呼吸几分钟之后，开始想象一种最能代表你核心价值观的画面。让你的无意识脑自发地到达一种合适的画面。

4. 让你脑海中的图像变大、变亮并更加多彩。拉近它，注意你的感觉变化。做一些细微的调整直到你产生一种强烈的感觉。

5. 现在想象一种符合你核心价值的颜色。想象这种颜色就像一条舒适的毯子一样全然包裹着你。吸入这种颜色，将它吸入你的肺，让它充盈你的心脏区域。感受随着吸入更多的颜色，你的价值在心的区域越来越鲜活。

6. 感受与你的核心价值紧密联系的感觉在身体中穿行，并且随着每一次呼吸扩展到你的胸部区域。感受它的温度并让它上升到你的头部。当你的核心价值的感觉上升并到达你的头部时，或许你会听到一些声音或者音调。

7. 看见并感受到你的头部充满了这种核心价值的颜色，允许它将你的想法、观点和内部对话都渲染上这种颜色。当你从核心价值的本质上去诉说时，倾听你个人内在声音的改变。注意到你对自己目前的问题或者处境的新的思考方式和新的认知。

8. 现在想象你的核心价值从你的头脑向下回流到你的心，就像水沿着天然的地形轮廓流下来一样自然简单。感受由于吸入你的核心价值并与它同在，你的心充满了对他人以及你的特定情境或者问题的新的看法。

9. 现在继续允许这种提升的感受以及从你的核心价值观出发的新的视角再流向你的腹部区域。感受它聚集在这里就像一个生命能量池。感受生命的冲动以及你自我的存在。感受自己的清醒并与你的核心价值冲动一起前行。感受想要跟随这股能量以及你的真实核心价值前行的冲动。意识到将这种核心价值在现实世界中体现、表达并实现出来，你有选择行为的自由。做一个微小或者清晰的动作、姿势，来提醒自己对核心价值的行为或者生理上的表达已经开始。

10. 现在深深地呼吸，感受你核心价值的能量就像一个活力温度计一样开始上升，直到它到达你的心。吸入你的核心价值观的能量、颜色和声音。当你轻微地晃动并进入你的核心价值的脉动和节奏中时，让它充满你的心。想象你的核心价值的芳香充满了你的鼻孔并激发了你体验自己的问题和状态的新的可能性。想象当你轻轻地将你的核心价值吞咽下去的时候，品尝它的味道，使它成为你的一部分。

11. 允许你的核心价值轻松地流淌过你的整个身体，注意你整个状态的变化。体会对于"我是谁"的感受的提升和扩展，以及你如何按照真实自我的表达方式来行动。

与他人一起工作

当运用三脑统合技术教练他人或者与他人一起工作时，你可以运用以上提到的任何一种或者所有的神经统合式参与法。然而，还有另外的过程让你能够用来帮助引导他人的神经活动：

· 语音语调

· 姿势

· 状态调配（让自己进入一种想要的状态，从而影响他人的无意识过程）

状态调配指的是两个或者更多个摆动的系统（任何有节奏的、模式化的或者脉冲的能量流动，像心跳、脑电波等）相互影响并随着时间同步的过程。将此作为一种神经统合式参与法来开始，你需要在开始尝试引导其他人进入平衡一致的状态前保证让自己先进入这种状态。如同在上一章中所描述的，心脏的电场能够向你周围的外部空间扩散，并且有证据表明，它能够将另一个人的心脏调整带入与你一致的水平上。你无意识的非语言行为也会将你所处的意识通过强烈的信息传递出来。当你的交感神经系统和副交感神经系统平衡一致时，你发送出清晰的信号，被另外一个人大脑中的镜像神经元所接收。所以，确保你本人当下所处的三脑状态，就是与你一起工作的这个人三脑的所有状态。

另外，还要确认使用合适的一致性的语音和语调以及姿势来传递你的信息。如果你正在与人谈话，引导他们达到一种由衷的共情，那么用一种平和、充满共情的语调和声音去说。使用开放、平缓的姿势并流动地对向他们的心脏区域。这同样适用于引导一个人脑的状态或体验，或者在他们的多个脑之间引导信息的流动。确认你的所有非语言信息都与你正在沟通的内容保持一致。你的交流处理匹配你的表达内容，这对于获得融洽而和谐一致的状态有决定性的作用。

总结

总结下来，你需要记住的要点如下：

1. 当按照三脑统合技术导图来运行你的多个脑时，确认它们自身是合一的，彼此之间是通达一致的。

2. 为了引导你的各脑合一而且彼此之间通达一致，你与各脑工作的顺序不同，会有不同的结果。对于大多数人来说最大化的顺序是从心开始，移动到头然后经过心再到腹，然后再回到心。这就是三脑统合技术的基础顺序。

3. 当你引导自己或者他人时,你需要让每个神经网络尽可能深入地参与。为了做到这一点,你可以使用的工具或者技巧叫作 NIE's(神经统合活动)。

用于自己的神经统合活动

- 视觉化和想象
- 声音
- 身体动作
- 气味
- 口味
- 次感元
  ◎ 位置和距离
  ◎ 尺寸大小
  ◎ 明亮度
  ◎ 温度
  ◎ 色彩等
- 吞咽
- 标志和隐喻
- 语言和催眠
- 让神经性干扰最小化

用于他人的神经统合活动

- 以上所有
- 语音语调
- 姿势
- 状态调配

运用你的技能

运用你在本书中学习到的三脑统合技术知识和技能,你能够快速地统合你的三脑,达到个人的深层通达一致。随着练习和体验的深入,你会发现,并不是所有的通达一致都是我们想要的。比如,你可以做到一致地愤怒、报复、漠不关心甚至抑郁。这可能是由于交感和副交感的不平衡导致的一种一致状态。当然,这不是我们所追求的一致状态。我们所追求的一致状态是有助于提升我们的整体生命状态和个人进化的。

正如在三脑统合技术导图中所描绘的,下一步是确保当你统合三脑时,获得通达一致的状态,这种状态是你的神经网络能在功能一致、和谐表达的最优层次上工作,而这就是下一章的主题。

第六章

神经统合障碍

干扰神经统合障碍的模式

在完美的情况下，当你试图让各脑之间沟通时，各脑总会立即统合达成一致。当然，在完美的世界里，你的三脑已经并将永远地完美同步一致。但不幸的是，这不是一个完美的世界。

所以你会发现，有时当你协调三脑时，其中一个或多个脑会阻碍统合的过程，它们只是不回应或者不允许统合信息通过。我们将之称为神经统合障碍（NIB）。在我们的行为建模研究中，我们发现了6种神经统合障碍，每一个都由许多单独的阻碍过程组成。

在这一章中，我们将探索每一种神经统合阻碍并描绘它如何工作，告诉你如何阻止障碍模式并让统合发生。你需要提前了解的是，并不是所有的神经统合阻碍都适合三脑统合技术教练，有些还需要医疗或心理方面的干预。我们将会在总结目前所知的15种神经统合障碍时将这些标注出来。

神经统合障碍概述

下面是我们所发现的 15 种主要的神经统合障碍：

操作状态问题

1. 抽离（缺少神经参与）
2. 自动不合一状态（在开始时）

协调一致性问题

3. 附加好处
4. 生态问题
5. 三脑之间不良的 / 不相容的结果和意图

情绪问题

6. 恐惧
7. 信任
8. 恐惧反应（强烈而普遍的负面关联 / 锚定）

教育性问题

9. 没有参照框架
10. 腹脑及 / 或心脑需要升级 / 教育

个体定制问题

11. 需要个性化的 / 定制的顺序
12. 需要对头脑运行策略进行定制的引导
13. 需要个性化的神经统合性参与的引导

医学 / 心理学问题

14. 生物化学问题（医药、营养不良、内分泌问题、药物滥用、临床疾病等）

15. 精神上或者情绪上不稳定

注意：最后两项需要在使用三脑统合技术教练或者三脑统合技术过程之前，先采用专业的干预。

现在，让我们先详细探讨一下每一种神经统合障碍并且研究应对它们的方法。

操作状态问题

如果存在操作状态问题，这个人（或者是你自己）就不能以一种最佳的状态去全然地参与或者与神经网络——即三脑一起工作，统合过程就无法发生。这也许是因为他们完全从体验中抽离，而从情绪或者心理上远离这个过程来保护自己；或者他们可能处于异常的不一致或发泄状态，这种状态不允许他们理性地思考或行动，不允许他们遵循指导行事。

神经统合障碍：抽离

在第一种情况中，你需要让这个人连接并处在体验中。你需要建立强烈的亲和及信任关系并引导他们身处此时此地，联结上还没有被发现的体验。当他们感受到安全和存在感时，你可以引导他们做三脑统合技术平衡呼吸并投入心的感受和体验中，这种感受和体验会带来统合。

神经统合障碍：自动不合一状态

在非常不一致的情况下，你需要指导他们放松，聚焦在平衡呼吸上，让他们从正在经历的造成混乱的情绪或者认知过程中走出来。

举例来说，当他们充满愤怒时，你需要帮助他们平静下来，让他们从造成愤怒的事情中暂时抽离出来，并用一种积极的最佳状态来代替。你可能需要引导他们回忆那些让他们感受到幸福、平静的时光。一旦你让他们足够平静并开始平衡呼吸，这些活动就会开始转换交感神经过度主导的状态，帮助他们建立一种和谐一致的正向循环。

协调一致性问题

协调一致性问题是由三脑之间意见不一造成的，三脑中的一个或者多个不想与其他脑传递的信息或意图相调和。先看看这章中的每一种神经统合障碍吧！

神经统合障碍：附加好处

附加好处是指某个脑通过它的行动获得继发性或者隐藏性收益，有时被称为隐藏着的安排。举例来说，腹脑可能会产生一种暴饮暴食的贪吃状态从而导致肥胖。尽管这个人想要终止这样的行为，但腹脑可能有一个隐藏着的安排，就是让自己失去吸引力并因此保护他不陷入亲密关系从而避免心碎的经历。附加好处是一种安全和保护。

如果进行协调一致的过程不会带来附加好处，脑可能会阻止统合的发生。从根本上说，当统合过程发生在由智慧、创造力以及脑之间的真诚组成的框架下时，三脑能够最佳地进行协调和商议，从而达成理想的成果、收获和意图。另外一种说法是，附加好处是关于未满足的需求和问题，当通过信任和积极意图进行协调时，它们就有解了。引导这股动力是支撑三脑统合技术导图结构的设计要素之一。

神经统合障碍：生态问题

生态问题是关于在整个系统的生态里非预期结果的问题。如果某个脑认为所统合的结果是非生态化的（比如，它预测到结果会带来不想要的副作用或者后果），它会去阻止协议或者一致的达成。为了克服这一点，你需要保证所有的脑都理解这一点，即在解决问题的框架下，它们必须发现一种既有慈悲心又有创造性的解决办法，智慧地、生态地满足这个人的所有需求。

我们会在第七章和第八章来详细讨论这个过程。然而，认识到生态问题绝对重要而且必须运用高超的技能来处理是非常必要的。你肯定不想迫使三脑的统合过程非生态地进行。心脑和腹脑有它们自己的智慧，也确实知道何时一些事是非生态的而且是有负面预期结果的。所以，尊重这个神经统合障碍，同时确信你在一个具有智慧、创造力和灵活性以及通达一致的生态框架下来引导统合。

神经统合障碍：三脑之间不良的 / 不兼容的结果和意图

如果你的脑有不兼容的结果或者意图，它们肯定会阻碍脑之间的沟通和统合。举个例子，如果你的头脑计划一个细致周密的职业路径，你的心脑想要更多的时间和家人连接，你的腹脑想让你拥有更多的个人时间来放松和缓解压力。在任何协商中，前进的方法就是让相关各方都来相互帮助，共同实现和满足潜在的价值观和需求。如同上面两个神经统合障碍，这个最好在我们下一章将要讲到的三脑统合技术导图的"至高呈现"以及"生发智慧"的框架下完成。你也可以运用本章后半部分将要描述的三脑统合技术中的"焦点重构（Focus Reframe）"技术。

情绪问题

当你开始进行基础顺序 (Foundational Sequence) 步骤时，你可能会发现头脑和心脑比较容易一致。然而，由于腹脑的核心能力围绕着恐惧、保护、回击和逃跑，你可能会体验到发泄或者是深度的肠部情感反应，比如害怕、焦虑。如果在统合过程中腹脑被激发了过度习得的联系模式，就尤其如此了。在神经语言程序中，这些联系的模式称为"锚定"，能够被原有模式的任何部分所触发。

克服害怕和惊恐反应的一种方法是回到平衡呼吸并重新获得和谐一致状态。另外，你可以运用神经语言程序过程的资源状态锚定法。然而，这些技巧的细节超出了本书的范畴，你可以在任何好的神经语言程序培训或者教材中找到这些技巧。

害怕、焦虑的状态也可能是由于某一个脑在就系统生态的问题与其他脑沟通。在这个例子中，你需要回过头来，首先挑选出系统生态神经统合阻碍。如果所有的系统生态和附加好处问题都搞明白了，同时你确认在所面对的问题上的统合是明智和生态的，你就可以用一种称为"动觉干预"的动觉模式介入技术来介入这个阻塞的过程，并允许神经信息通过。我们将会在下面的部分描述这项技巧。

如果这些传递的信息和意图确实是系统生态化而且具有再生力的，各脑会通达一致地进行协调和统合。如果有任何残余问题，脑会通过发送直觉信号来警示该统合在某个深层水平上被阻塞了。你需要警醒并留意到这种不一致的信号，我们会在本章的后面部分更多地介绍这一点。

神经统合障碍工具：三脑统合技术动觉干预

根据进化论的观点，当最早被称为有机体的生命出现时，第一种感觉就是探测环境中的化学物质——味觉。这是因为有机体需要探测"食物"——生存所必需的化学物质，同时探测并远离有毒的化学物质。下一个发展出来的能力是探测外力——感觉，或者在神经语言程序中所谓的动觉。这种感觉让有机体探测能量、外力、移动以及任何影响它们的事情，并据此做出反应。

随着时间推移，当复杂的神经网络（脑）参与越来越高级的生命过程中时，有机体发展出将外部感官体验内化为内在模式的能力。这种内在感官过程运用了原来外部体验所使用的同样的神经回路。这就是为什么当你在"大脑的眼睛"中想象某件事，比如形成一个内在的视觉图景，你实际上主要使用了在现实世界中观看事物时会用到的同样的神经回路。这种观点在神经科学著作中有很多记述。

对于内部感受以及内在感觉体验，这意味着每一种"感受"都代表着一些相对等的外部力量或者冲击。你可能原来没有注意到这一点，但是你的内在感受有移动的矢量。它们不是静止的。感觉在你的身体里有一个进入点、一个轨迹以及一个出口。情绪"抓住"你,感觉"向上冒泡",它们都不是静止的。

现在的问题是,所有这些内部感觉运用了同外部感觉一样的感官,这意味着它们对于外部行为造成的改变和模式干扰起了反应。你可以通过它的各运动矢量或模式做出内部感觉的模型或者描绘出来,然后再干扰那些模式。它给你的脑带来了不可思议的转变。你确实可以用这个方法来停止不正常的感受。

这样做的过程称为"动觉干预",直接看可能比口头描述它更简单。所以,建议你查看我们在网站(www.mbraining.com)上公布的录像来验证它。

好的,想象你在喉咙处有一种"卡住"的感觉,一种不能"吞咽某个观点"的内部感觉。换句话说(用三脑统合技术语言),你的头脑想要让腹脑去吸收一个观点,但是你的腹脑却想要告诉头脑它不会去做!(如果你没有体验过这种感觉,那么挑选一些其他的感受,比如胸部的恐惧担心、腹部的焦虑不安,运用它们来了解如何做所描述的过程。)

注意,这些感觉并不是静止的,它们在移动,实际上在嗓子里有个进入点和出口,也有它的轨迹。运用你的双手,你可以在体外模拟这种感觉,你的手可以演示这个循环,从前面进入喉咙,然后前进几英寸再从前面出来,绕回来然后再从头开始。你就会直觉地感受到移动有多快以及这个圈在外面有多远。同时注意,如果你以更快或者更慢的速度,或者以一种更大或者更小的圈来模拟这个动作,感觉就不对了。这告诉你我们正在处理的过程是真实的。它们实际上是一个矢量轨迹。

现在,就到了动觉干预了。当你正模拟动觉模式时,在这个循环的中间,以一种完全不同的模式和方向快速挥动双手。比方这个循环发生在一架垂直上下的飞机上,那么左右挥动你的双手。快速地做。

当你做手部动作时,可以增加一些响亮的嗖嗖声。这种额外的听觉实际上强化了这个过程,并且通过在神经网络中增加一些跨感觉的通道从而产生了很大的不同。

重复这个过程3次。每一次你都会发现重新回到旧的感觉越来越困难。最终,你可能会发现不可能以以前的相同方式来体验旧有的模式。你的神经网络将会学习到新的反应方式。

对于各脑尝试沟通、协商和统合时产生的动觉障碍,这个方法非常有效。通过模拟障碍过程的感觉以及动作干预,你允许了信息传递和统合的发生。

所以,总结下来,"动觉干预"方法是:

1. 确定阻碍三脑沟通的"感觉"的进入、离开的点及其轨迹,在体外用你的手来模拟它,问自己:"这种感觉是在我身体的哪个部分开始的?""这种感觉将走向哪里?""这种感觉的出口和循环是什么?"

2. 当你的手环绕着来演示这种感觉的模式时,快速地挥动你的手穿过这个圈来打破这个模型,同时发出响亮的"沙沙沙"的声音。

3. 重复这个过程3次,注意观察现在旧有的障碍是如何变得不可能的。

教练他人时,效果最好的方法是教练引导被教练者决定并模拟感觉模式。当他们模拟这个模式时,教练靠近被教练者,在原来的模拟圈的范围内挥动双手,做出动作和发出声音来进行干预。你会惊奇地发现这么做给被教练者的神经系统所带来的改变。短暂的困惑表情是非常常见的。通过让他们用双手模拟或者演示这种感觉,我们经常会加速这种体验。当他们这样做时,我们说:"当我这样做时发生了什么?"在做干预之前,在"这样"这个词之后开始对干预计时。

动觉干预技术非常简单,但却有效,你会惊异于它创造的结果。

案例研究——艾莉森：超越恐惧

了解神经统合障碍如何起作用，又如何通过三脑统合技术动觉干预来分解它的最好方法是现实世界的案例研究。

艾莉森是一个年轻而活力四射的30岁左右的女人，但她在16岁的时候遇到袭击，造成永久性的脊柱损伤而半身瘫痪。她被告知永远也无法走路，终生将要在轮椅上度过。然而，她通过坚强的意志和不屈不挠的精神，学会了摆脱轮椅，再次行走。不幸的是，事故带给她的无止境的痛苦让她全身疲累，无法过上正常的生活。

最近，新的实证医学和科学研究发现了一种新的锻炼机制，她的医生建议，或许可以恢复她的脊柱功能并有可能去除她日日所经历的痛苦。对于艾莉森来说，挑战在于这些新的练习与她过去20年所做的事情相反，是她很久以来被告知永远不要做的事情，如果做了，她会一辈子离不开轮椅。

艾莉森来找我们寻求三脑统合技术教练的帮助。因为当她尝试去做练习的时候，经历了巨大的恐惧。她试过一切能想到的方法，还是不能转变无法控制的恐惧而激励自己做这个练习。如果她强迫自己去开始，就会浑身僵硬，无法继续。她还发现，如果她坚持哪怕一小会儿，她都会在脊柱上得到一种新的感受，但很快又回到脊柱无法动弹的状态。这造成她对做新练习的焦虑以及更多的恐惧。她还提到，从开始这项新练习以来，她经历了狂野而且令人吃惊的梦境。

神经语言学家注意到，当她表述经历时，经常使用"我想要尝试重新回到舒适的状态""我无法消化可能对我的脊柱发生的事情的恐惧"，以及许多与核心身份认同相关问题的比喻。

我们开始做一个针对该练习的本质的系统生态学检查。艾莉森对她需要做出改变的科学性和有效性有充分一致的认可，她对于医生告诉她的新过程进行了很多研究，她从认知上很清楚地知道这个练习是系统生态性的，不会对她造成伤害。在这样的保证下，我们要求她开始平衡呼吸并达到一种一致状态。然后要求她考虑结果，并且感受对轻松走动以及很容易地完成练习的渴望，让心底深深地感受爱，感谢她到目前为止生活中所取得的成功，将这样的感受吸入，扩展它们，将它们移到头部来，同心灵感受的创造改变的渴望统合一致。

当艾莉森可以将平衡感恩的体验以及慈爱吸入她的心再上升到头部时，我们要求她给自己的体验增加一些创造性，轻轻地将这种统合一致的感觉和信息传回到她的心并传达到腹部来增加勇气。然而，当尝试这样做的时候，她将体验移到喉咙区域，很快就停下来了，说她的喉咙阻滞了这种感觉。艾莉森说她的喉咙升起一股恶心的感觉，限制了这种感觉向下移动到腹部。这显然是腹脑调整沟通和控制的反应，表明腹脑害怕这种改变并试图让艾莉森的行为模式保持不变。

我们就让她模拟这种阻滞感受/模式，通过动觉干预来与腹脑沟通并重新塑造她的阻滞反应。我们一干预，她立即大声地打了个嗝并大笑起来，一个很深的捧腹大笑。这是一个很清楚的信号，表明她的腹脑开始释放旧模式，接受头脑和心脑的信息并开始与它们协调一致。艾莉森提到，一旦动觉干预发生，这种感受就很容易向下移动到她的腹部，在那里它被深深地接纳并舒适地存在。

我们让她重复统合的过程，她很容易地将心灵感受到的感觉移动到头部，增加了创造性，然后再送回心部，再到腹部，然后重新回到心部。她说她感觉到自己的头脑更加协调舒适，在她的内部对话中，原来限制她表达结果的那些阻滞已经消失了。

这是一种快速、强大、有效的个人教练和改变方法。我们使用了一些神经语言程序的工具来完成教练环节。从艾莉森的角度看，这些都是很"甜蜜的"。

在这个案例中要注意的要点是，一些关键问题与核心身份、恐惧以及缺少动力等紧密相关。这些都是与腹脑相关的核心能力和过程。这也清楚地告知我们，要协调腹脑与心脑和头脑保持一致。在艾莉森的案例中，她能够清楚地从认知上接受这个新的练习，她的心通过价值观和对消除痛苦的渴望而统合一致。然而，腹脑却紧紧抓住旧有的模式，这个模式是她这么多年来同病痛和医生们斗争，想要摆脱轮椅站起来的核心身份认同。

6 个月的跟踪

根据艾莉森的报告，她做的那个三脑统合改变练习持续地发挥作用并带来了惊人的效果。在那个教练环节，她的恐惧和缺少动力的感觉完全消失了，她能够以轻松舒适的心态开始新的练习。她的疼痛水平大大降低。跟随新的模式，她发现自己的弹性、精力水平和放松程度都有了提高。

神经统合障碍：信任的结构——在心脑、头脑和腹脑之间建立信任

"没有信任，我们将一无所有。"

如果你的各个脑之间没有信任，统合和协调一致将无从谈起。如果你的头脑不能信任心脑，或者你的心脑不能信任你的腹脑，信任的缺乏将大大降低和谐程度并阻碍信息在各个脑之间的统合传递。这与你在生活中完全不信任某个人的情况没有什么两样。你会忽视或者不相信他们告诉你的事情，认为这不过是更多的谎言罢了。

信任的过程有个结构，为了建立各个脑之间的信任，你需要理解这个结构并在过程中发现失败的问题点并矫正它们。当你重建了信任，也只有在这时，你才可以全然引导三脑进入协调一致的状态。

你的各个脑之间的信任包括 4 个关键部分：

- 交流沟通
- 有关爱

- 保持一致
- 有能力

交流沟通

　　交流沟通是倾听各个脑的反馈，是建立信任的必要组成部分。如果一个脑拒绝与其他脑沟通，或者听而不闻所接收的信息，那么信任就会很快被破坏。沟通是关于倾听和分享的。倾听每个脑的每条信息。信息是非常重要的，而且不管后果如何，它提供了很有价值的东西，就像一位智者曾经告诉我们的，"事实是我们的朋友"。

　　从三脑统合的角度，它帮助我们记住，每个神经网络都根据它的首要功能和特定的沟通模式来传递它得到的"事实"。每个脑和谐地与其他脑的"事实"一起工作；同时，你对每个脑独一无二的语言和沟通方式保持敏感是非常重要的。

爱

　　爱是关于心与人和事相关的正向感受。爱是指每个脑认可其他脑的价值观，并在一种合作、和谐、统合的状态下协同工作。它也体现了当发生问题时，各个脑之间合作解决问题的关系强度。

　　关系强度可以随着你运用三脑统合技术方法让三脑之间彼此协调一致而逐渐提高。如果没有关爱和相互的尊重，三脑之间的信任就不能形成，它们也不会彼此沟通或者全然协同地工作。为了更好地引导这个过程，你需要珍惜每个脑的角色并以正向的态度看待它们在你整体健康和幸福上所起到的作用。

保持一致

　　建立和维持信任需要在各种时间和环境条件下保持一致性和可信度。

每个脑都信任其他脑所承诺或者答应的事吗？腹脑对于支持头脑或者心脑是可靠的吗？头脑会允许其他两个脑执行它们的核心能力而并不干预吗？你的各个脑一起工作的方式是可靠一致的吗？

如果一个脑有时传递信息，有时却不动作，这就会破坏信任。如果它的运行不规律，这种一致性的缺乏就会导致关系不可靠并破坏信任。

再一次申明，你越多使用三脑统合技术方式来引导三脑之间的沟通、统合一致的持续过程，就越可能随着时间建立保持一致且可靠的通路。

有能力

最后，每个脑具有的能力或者技能都能够建立或者破坏信任。三脑需要信任彼此的技能、知识和意识，并知道每一个脑都可以持续一致地完成其首要功能。如果一个脑失能，其他的脑会学习屏蔽或者忽视这一点，而去寻找其他的达到整体目标或者结果的方法。就这样的状况，你需要聚焦在下一部分介绍教育性问题中涵盖的内容。

另一个需要注意的是，信任需要通过核心能力的专长领域来建立。例如，你不会期望你的会计成功地修复你的牙齿，也不会指望你的牙医能够给你的返税提出完美意见。同样地，你的三脑需要确认不会指望一个脑去执行另一个脑的主要功能。当这种情况发生时，脑学会不再信任彼此，这种有害的行为模式需要被干预，各脑需要被引导进入合理的期望、行为、模式中，以便让它们做最拿手的工作并效率最大化。

神经统合障碍：恐惧反应

恐惧反应是一种由一定的外界刺激或者激发条件（例如蜘蛛、高度、密闭空间等）所引起的强烈害怕。反应的强度经常会逐步削弱，而且会在经历以上的刺激或者激发条件时快速产生。

如果你正与一个经历恐惧反应的人一起工作，任何试图统合协调他们各脑的尝试都是徒劳无益的。你的第一个目标是让他们从恐惧反应中走出来。这说起来容易做起来难，需要非常高的训练技巧，比如神经语言程序的恐惧疗愈等。

如果你没有运用这些技巧的资格，我们建议你不要与有恐惧问题的人一起工作。如果你想要解决自己的恐惧问题，我们强烈建议你去找一位有三脑统合技术教练资格的人来协助你完成这个过程。

教育的需要

在两种情况下教导神经网络可能是需要的。第一种是对于渴望的统合状态没有任何相关个人体验。例如，一位参加我们工作坊的年轻人承认，他的心脑从来没有体会过那种深深的同情或者忠诚的状态。我们也遇到过一些人，他们的腹脑很少有那种与高度集中的意志力或者高水平的真实幸福相关的体验。

在这些情况下，你需要帮助这个人（或者你自己）来想象以及创造性地设想经历这种渴望的状态是什么样子，或者去创造一种条件或者情境让他们第一次真实地体验这种渴望的状态。

第二种可能需要教导的情况是，神经网络确实经历过渴望的状态或者能力，但是已经过去很久了。这样神经网络的运作基于一种有限的知识/体验，与这个人的实际年龄相比，这些有限的知识/体验曾在一种心智、情绪和/或身体条件都不成熟的水平下形成。这种情况造成的影响是巨大的。

由于生活经历和强烈的早期学习体验，我们脑的神经网络可能会陷入受限制而功能紊乱的条件模式。这些习得的行为模式可以占支配地位并过滤脑所做出的相应反应，也能够轻易地在各种情况下蔓延。例如，我们在行为建模工作中研究的一个人，在他的早期生活经验中，因为心灵被最好的朋友伤害，而学习到不再相信自己的心。相应地，他就决定不再使用心灵直觉，也不会走近其他人。他的心对于情感的靠近"坚硬如铁"。为了补偿这一点，他转移了关注的焦点，开始信任腹部直觉。

神经统合障碍应对教育性问题的方法是引导再教育相关的脑。你需要通过给予他们新的相关体验或者新的应对方式来提升他们的知识技能基础。我们在这里无法详细论述更多的高级三脑统合技术模式，接下来的案例研究会为你提供相关的观点。如果你有兴趣了解更多，请登录我们的网站。

案例研究——贝斯：重塑腹脑

贝斯因为感到严重的害怕、恐慌以及极度焦虑问题而接触了三脑统合技术。贝斯的妈妈是战争的幸存者，所以那段经历在心理上给她留下深深的烙印。因为这些，贝斯从小在一种经常害怕、情绪化的状态下长大并且持续被强化对安全保护等问题的警觉性。这些病不仅仅是转瞬即逝的情绪问题，还是一种深深印入她的个人认同和世界认知模式的心理烙印。

在治疗过程中，我们发现在三脑统合发生之前，必须反过来，先帮助贝斯将她的腹脑再教育到一种更新、更有创造性的模式。本质上说，我们需要分离开腹脑让她全天候保持警觉防卫状态所做的事情。然后，帮助她从认知上理解她的头脑在做的事情，尊重自己的思维模式和概括化方式，理解这种方式是缘于强烈恐惧以及由此引发的情绪反应造成的腹部应激。

我们先从分离出贝斯所在的处境开始。在这些处境下，我们让她的腹脑处于一种平静、和谐一致的状态。之后我们再教育了她的腹脑并让其进行升级，利用区分法分辨出现有的各种不同程度的警觉。比如，在社交场合与朋友以及家人在一起的放松但有意识的状态，来对比在未知环境下，例如在黑暗的街道上小心行走的状态，或者在危险情况下高度警觉防卫的状态，以准备随时应对可能的身体袭击。

当贝斯的腹脑得到再教育后，它的区分辨别能力已经能够更智慧地被使用时，我们将她置于各种类别的相关情境中，当她能够很轻松地做到时，我们引导她根据这些情境，从腹脑到头脑再到心脑，采用不同的策略方法。换句话说，我们教练并测试她："现在最合适的腹脑反应是什么？""在这种情境下，最能支持腹脑的想法或者观点是什么？""当你的腹脑做了一个明智的反应，你的头脑用合适的想法、观点和信念来支持它的时候，你有了怎样的感觉？"

这之后，我们应用了常规的三脑统合技术。一切进展得非常顺利。当我们进行行为检测时，非常高兴地发现，她对于过去的问题变得满不在乎。当被要求想象过去可能会让她陷入恐慌或者极度焦虑的情境时，她表现得平静、不再苦恼而且全然放松。

在贝斯的例子中，她过去生活在一种未被教育/条件反射式的腹脑状态下，对于一切没有区分（所有的事、所有的人、所有的地方都是不安全的、危险的），这让她的头脑想法泛化，并最终引发了她的心脑有恐慌、害怕等情绪反应。通过再教育，她的腹脑对情境进行了更好的区分，采取了相应的行为和决策，然后在所有的脑之间统合这些新的学习所得。我们能够教练贝斯进入一种新的反应状态并引导她转变原来自我伤害的方式。

个体定制需要

有些时候，通用的基础顺序对一些个体不起作用。这些人需要以一种个性化的或者特制的顺序来进行教练。他们可能需要以特别的方式、更细致的神经统合参与方式来引导，或者他们可能需要在某个脑中运用特殊的引导策略。

例如，有一些人，拥有我们在神经语言程序中所称的"元程序"或者习惯性"不匹配"直觉过滤器。一个极端的不匹配的例子是一些人习惯性地不赞同你说的事情，不管你说什么。如果你说这是黑的，他们就会说这是白的。他们有时也被称为"极性反应者"，能够从一个极端跳跃到另一个极端。试图引导这些人的神经统合是非常有挑战性的，需要本书以外的一些技巧。

医学／心理学问题

医学和心理学问题本身并不是三脑统合技术教练的范畴。就像我们在本章开始指出的，在寻求三脑统合技术教练之前，医学或者心理学问题需要专业的干预。当处理医学或者心理学方面的问题时，你需要咨询一位合适的健康专家。这包括但不限于精神上或者心理上表现出不稳定、有明显的生化问题、需要或者已经在进行药物治疗、有营养不良问题、有内分泌问题或者有药物滥用情况等。

在很多这种情况下，有一件事一定能帮助到大家，这已逐步得到了大量研究的支持（第三章已论述），即使用益生菌来帮助肠道回到健康状态。几乎在所有的案例中，都值得看看健康专家是否开始使用益生菌补充剂。大量的心理和健康问题都能够通过益生菌的使用而改善，这是一个非常有用且值得探索的领域。

不一致的信号

如果三脑在某个问题上不能达成一致，任何不和谐都会通过可观察到的行为指标、标志或者信号等展现出来。因为脑、思想和身体以控制环的方式连接在一起，影响一种，就会影响到其他并带来可观察到的信号。有了足够的感觉敏锐度，你可以观察并监测到这些信号。

一些典型的不一致信号包括：

- 厌恶或者做鬼脸的面部表情
- 不对称的表情或者姿势
- 身体弯起来或者抱起双臂
- 瞳孔收缩或眯眼
- 转身或者躲
- 腹或心的感觉或反应

- 摇头，好像在说"不"
- 屏住呼吸或者短而浅地呼吸
- 颤抖或者迟疑的音调
- 语言信号，比如显示出不一致的隐喻或者表达

注意这些信号，在统合过程中以及统合后观察它们。如果你看到这些信号，请与这个人核对并探查发生了什么。不一致的信号非常有价值，它说明一致并未完成，你需要在这个问题上采用更进一步的三脑统合技术。

神经统合障碍工具箱

如同你在这一章看到的，有许多工具可以让你用来干预神经统合障碍。三脑统合技术提供的基本的模式化干预统合障碍工具箱包括：

- 平衡呼吸
- 动觉干预
- 焦点重构
- 味觉闪电战
- 嗅觉爆炸

上述方法的前两种我们在本章以及之前的章节都进行了详细描述，接下来我们研究后三种。

神经统合阻碍工具：三脑统合技术焦点重构

从临床催眠、神经语言程序到简德林的焦点方法，各种各样的渠道和领域都提供了证据，证明了三脑对指导视觉化和焦点重构方面的作用。我们在这里提供一个简单但是有效的方法——"焦点重构"，你可以用它来克服一些类型的神经统合障碍。

在这个技巧中，你与发生神经统合障碍的脑进行对话，问它的积极意

图是什么。你与它连接，专注于它以及所有它想要告诉你的事情，你同它说话，问它想要帮助你实现的积极结果。

神经语言程序有一个预先假定，即所有的行为都有一个积极的意图。通过探索并发现这些隐藏的积极意图，你可以在各脑内部和它们进行协调商议，发现更佳、更具创造性及更有生产力的方法来满足你生活中存在的这些积极意图或者需要。

焦点重构技术的步骤如下：

1. 连接到阻滞发生时的完完全全的体验感受以及它所代表的信息。平静地注意并关照它在你身体里的所有部分。你准备好后，与负责阻滞行为或者信息的脑进行沟通，同它谈话。尊敬地问它："这些信息是什么？""你想要告诉我什么？"然后仔细地注意你得到的信号或者回应。可能是一个词、一种声音、一个短语或者一张图片。显然，头脑所接收的信息是那些把来自发送脑的信号转译成的词或者图像。

2. 决定行为的积极意图。感谢脑给你传递的信息并问它："请告诉我你的积极意图是什么？你想要为我做什么？"注意你得到的反馈。脑对哪些直觉或者信息有反应？有什么价值观、特质或者观点显示给你？

3. 现在请让你的脑与你全部的无意识一起，包括头部的创造力，来产生新的以及更有生产力的方法去实现目标并达到统合。请脑与心智的其他部分沟通，去发现达成积极意图的新的行为或方法。例如，如果脑告知你现在生活的方式会对你造成危害，那么你的无意识就会产生更具疗愈性和更加健康的新的行为模式。然后，你的各脑就会尊重这个过程并支持新的行为。

4. 问你的脑是否同意运用新的行为和选择而不是旧的行为来达成结果。如果你没有从脑得到肯定的回答，就回到第二步，直到所有的价值和积极意图都得到满足。

5. 对你的所有脑做生态性检测，问这样的问题："我任何部分会反对我的新选择吗？"如果你收到了一个反应，表明有生态问题或者潜在负面后果，再回到步骤2问你的脑有什么积极意图想要告知你，与它们一起工作，直到能够产生对你的整体都好的明智行为或者选择。

这个技术非常给力。你会惊讶于你的各脑能如此清晰地进行沟通。你需要信任你的各脑以及你的无意识思维，充满敬意地与它们一起工作。它们正以在你人生的这个点所能拥有的最佳知识和技能来帮助你。

记住，在一个安静的地方使用这项技术。放松、舒缓你的思维，轻轻地与发生阻滞的脑谈话，发现它们传递给你的信息的意图。在你的沟通中保持正向和清晰。带着一点信任，你会吃惊地发现这个沟通过程是如此惊人。这是在与你的直觉连接，是倾听你的腹脑、你的心脑和来自非支配性的脑半球以及其他分布在脑和身体周围智慧的信息，然后与它们一起工作，来共同攻克未被满足的需要以及依然起作用的异议。

神经统合障碍工具：味觉以及嗅觉的强烈冲击

味觉和嗅觉是腹脑和心脑处理的主要感觉。强烈的味觉或者嗅觉刺激可以用来抓取心脑或者腹脑的注意力，打破它们所陷入的阻滞模式。例如，如果有人歇斯底里，你可以使用一种味道浓郁的芳香精油或者散发香味的盐，来快速改变他们的状态。你也可以通过提供特别浓香的美食来引发或改变他们的情绪。

还记得第三章中讨论的享用甜食如何立刻提高了参与者赞同以及提供帮助的行为吗？还有，像巧克力和苹果等食物是如何提升情绪、产生快乐并暂时修复负面情绪的？同样回忆一下，味道是如何影响厌恶以及道德行为，同时与冒险和抑郁等各种体验相联系的？留意那些甜饮是如何调节愤怒以及抑郁感受的研究证据。

你可以运用这些嗅觉以及味觉的反应来干预心脑和腹脑的功能紊乱模式。你也可以运用这些方法提供平和、愉悦的体验并帮助创造支持自主神经系统平衡和统合的状态。

每个脑如何制造神经统合障碍

我们已经依次讨论了每一个神经统合障碍，看看每个脑如何自己制造神经统合障碍同样有用且有意义。用这种方法检测阻滞的过程，给你提供了特别的工具和过滤器来判断什么时候脑被卡住了，以及在每种情况下应如何去做。

腹脑如何制造神经统合障碍

腹脑绝大多数情况下使用下面的方法来阻滞沟通：

1. 警备防御
2. 恶心、呕吐、压回去等
3. 污秽的标记
4. 注意力分散（搅动、晕眩、旋转等）

神经统合障碍：警备防御

警备防御发生在其中一个脑某些肌肉处统合受阻时。这些肌肉是在第四章中提到的 6 个桥或者通道的神经弱化肌肉。例如，当一个人从头到腹的统合信息被阻滞时，腹脑可以让喉咙的肌肉警备防御起来，阻止这个人"吞咽以及消化新的观点"。克服防御的办法是我们在本章前面所讲到的动觉干预技术。

神经统合障碍：恶心、呕吐、压回去等

腹脑阻滞统合的方法之一是恶心和呕吐。这些都是非常有效的阻滞过程，因为这个人已经明确表示不能清晰思考并一致行动了。胃病的内脏感受以及逆蠕动的生理活动经常是排山倒海的。

克服这种形式的神经统合障碍的方法是，首先运用平衡呼吸来帮助舒缓整个系统，然后运用三脑统合技术的动觉干预强力介入相关的生理感受。通过让参与者在外部用手来模拟感觉，然后快速干预，你可以打开沟通的渠道并允许统合信息通行。这种方法非常快速有效并能够马上终止阻滞。

神经统合障碍：污秽的标记

这是动物们经常用来标记它们的地盘以及保护自己的方式。对于人类来说，这扩展了语意上的界限，扩展到我们最深层的本我感以及我们在这个世界上的意义。这也是为什么当有人令我们失望时，我们会用这样的表达："他们真的在给我这些狗屎，他们惹着我了。"*

所以腹脑经常会通过产生便意来回应它认为有威胁的事情。从字面上看，就是"给它屎"。处理这种神经统合障碍，最简单的方法是让它过去，让这个人去厕所，然后再回来做平衡呼吸，回到一致状态，再继续这个过程。如果神经统合障碍仍然重复发生，你就需要使用上述同样的动觉干预技巧。

神经统合障碍：注意力分散（搅动、晕眩、旋转等）

同上述其他腹脑神经统合障碍应对方法一样，肠胃能够产生强烈的搅动状态，并且能够通过它与头脑的前扣带皮层和脑岛的联系，引发晕眩、旋转等感受。这些体验非常强烈，极易导致恶心。同上述其他的腹脑神经统合障碍一样，克服这种神经统合障碍的方法是综合使用平衡呼吸和动觉干预技巧。

心脑如何制造神经统合障碍

心脑可以通过典型的情绪或者生理反应来阻滞统合：

1. 冷漠或昏睡
2. 心悸
3. 心惊胆战

---

* 英文原文为：They're really giving me the shits, they're pissing me off. ——译者注

4. 情绪关闭，情绪阻碍

5. 愤怒

6. 情绪防御以及过度敏感

心通常通过心感反应来进行阻滞，这种感觉非常强烈，会影响到心脏的生理跳动和节奏。它可能反应为冷漠或者昏睡，也可能显示为心悸、心跳加速甚至一种心脏/胸部区域完全震惊的感觉或者反应，从而导致进攻/逃跑反应。至于情绪，阻滞可能通过愤怒以及情绪防御反映出来。以上所有或者其中任何一项都是心阻滞统合的标志。

应对这些神经统合障碍的方法是使用本章前面所描述的三脑统合技术焦点重构技术以及深度平衡呼吸。从某种意义上说，解决心阻滞问题，你需要尊重其所体现的价值观，并且与心脑想要表达的正向意图协同一致，然后扩展可能的选择范围，让心脑能够与头脑和腹脑想要进行的创造性反应协调一致。如果需要，你还可以使用动觉干预技巧来让心脑倾听其他脑传递的信息。

头脑如何施行神经统合障碍

头脑拥有很多阻滞策略，包括：

1. 抱怨

2. 评判以及合理化

3. 否认

4. 疑惑

5. 障眼法

6. 不知所措

7. 头脑空白

8. 自我辩护

9．身份认同

10．争论限制

11．坚持不知情（"我不知道，我不知道！"）

12．高谈阔论

13．进退两难

14．退出

应对这些问题的方法是先让他做平衡呼吸，然后通过与心脑和腹脑的沟通突破头部神经统合障碍（特别是我们在下一章将要详细介绍的至高呈现）。你可以就此帮助他建立一致性的目标。

根据我们的经验，大多数的头部神经统合障碍是由于头脑不能与心脑和腹脑统合、处于不连续的状态造成的。我们还发现，对一些疑难复杂的情况，头部神经统合障碍需要在三脑统合技术教练之前先使用其他的干预，例如，认知行为疗法（CBT）或者神经语言程序咨询治疗。

认知不一致

1956年，斯坦福大学心理学家利昂·费斯廷格听说一部分末日邪教徒预言地球将在那一年的12月21日午夜被外星人毁灭。费斯廷格和他的学生决定渗入这个群体，秘密研究当他们强烈确信的事情破灭时会发生什么。他的发现引出了认知不一致这一强大而信息翔实的理论。

当午夜之后，预言指示的崩塌和搭救信徒的外星飞船没有出现时，发生了什么？开始，会有信徒表示吃惊和不再坚信。许多人是抛弃了工作、伴侣或同事，准备搭上说好来营救他们的飞船逃走的。然而，几个小时之后，人们开始否认他们曾经相信过末日预言，他们会说"我并不真正相信这一点，我只是来一起冒险罢了"类似的话，或者"因为我们的坚定信念，外星人选择拯救整个地球"。基本上，除了他们一直都被骗了这个事实，他们会用各种说法来搪塞。

　　基于这项研究以及成千上万的相关实验室和现实中的研究，费斯廷格提出了他的假定理论，即无意识不喜欢"不一致"，它会千方百计地弄走这个不一致。不一致是当我们面临认知或者信仰的不匹配时那种不同意的腹部感觉。我们的意识喜欢信念和思想的和谐一致，它会利用许多无意识的策略驱走认知不一致。这种认知不一致的压力会让人或者改变他们的信念和态度，或者改变他们的行为。

　　如果导致对现实的否认或者奇特的扭曲行为，那么认知不一致危害巨大。当然，同任何工作或过程一样，认知不一致可以有积极和消极两种使用方向。

　　例如，你可以利用认知不一致以及你的各脑反应来帮助你，通过积极地同步你的思想、价值观和行为来创造生活的改变。然而，当认知不一致发生在你的意识之外时，它会降低你对生活的体验质量并让你变得无知。

　　我们在下一章会回到这方面的内容，当我们讲到你可以利用三脑统合技术指导生活，在你自己创造的世界中达到深层智慧的关键方法时，我们会再提到这一点。

**mBraining
——三脑教练——
运用三脑做酷事**

第七章
三脑的至高呈现

生发智慧
至高呈现
创造力（头脑）
共情（心脑）
勇气（腹脑）
通达一致
交感相应

真实自我表达的科学和艺术

"至高呈现"指的是什么？为了在三脑统合技术导图中充分领会它，这个术语有两部分需要我们理解。第一部分与第二、三章都解释过的三脑统合技术原则相关，指出你的神经网络是如何在不同的水平下起作用的。就如这些章节中所描述的，你的交感神经系统和副交感神经系统之间的不平衡能够在每个神经网络中产生非常大的差异。就像在第五章末尾提到的，你的神经网络也可以在低水平一致上，产生愤怒、抑郁、悲伤等状态。

自然，这些低水平一致状态不是我们想要的选择，也不是我们想要持续体验的生活状态。如果有选择，你当然更倾向于高水平一致状态，这种状态能创造一种更健康、幸福、有觉知的生活。

"至高呈现"这个术语的第二部分是"呈现"，我们特意选择呈现而不是"功能"这个词。神经网络的功能是指它们在运行过程中做什么。我们在第二章中解释过，每个神经网络都拥有对应它的智慧形式的一系列首要功能。然而，"呈现"是指从内部提取经验，并在外部世界中证实或者呈现出来。当你的神经网络进行运作来完成它们的首要功能时，这些首要功能是如何在你的行为、决策、情绪、想法以及生存状态中呈现出来的呢？

三脑统合技术导图中的这一步，把焦点从功能转移到呈现，就是从内部的调和一致转移到外部的应用。它事关你与外部世界互动的质量、你的关系、你的状态和环境、你的行动和结果、你的生活。

那么我们用"至高呈现"这两个词结合在一起的意义何在？为了回答这一点，我们需要首先问一个很基本的问题：呈现了什么？在基本水平上，它是指你的神经网络的首要功能，然而，在最高水平上，它是指你！它是关于当你处于最真实、最本真水平上的自我时，你是谁。

请记住每个神经网络只是"你"的一个部分。"你"作为一个整体远远超越这些生理过程和功能的组合。全部的"你"是一种统合的现象，它不能被理解为你的身体各个单独部分的组合。当我们说你的"至高呈现"时，我们指的并不仅仅是你的生理神经网络的最大功能。我们指的是一种品质，作为一个有意识的人，你的神经网络如何服务于呈现真正的"你"的品质。在三脑统合技术导图中，这个阶段指的是以达成你的真实自我的至高呈现的各种方式来增加你生命中与生俱来的智慧。

为了更具体地展示这一点，想象一个有天赋的艺术家正在用吉他演奏一首美妙的乐曲，听众如痴如醉，被感动得几乎落泪。如果我们能够看到音乐家的内部神经，我们就可以看到他的大脑与音乐、旋律、节奏以及精细的手指肌肉控制等相关的部分都被激活了。我们会看到，当他随着乐曲体验不同部分的情绪时，其心脏的神经模式在持续地转换改变。我们也会看到，当他随着整个乐曲体会不同的身份和激励状态时，他腹脑的神经模式也在持续地转换改变。所有这些都是对他的神经系统如何工作的观察。

但是这些观察并没有给出音乐家作为一个人的信息：他们是谁？为什么他们选择这首歌曲？这对他们意味着什么？他们怎样将这首歌曲演奏得如此美妙而让听众被深深打动？他们的演奏是一种关于他们是谁的表达，而这并不能仅仅通过聚焦在神经功能上被发现。然而，通过神经功能，当他们演奏乐曲时，他们能够表达最深层、最真实的自我。

至高呈现：一种强大的洞见

很多年以前，在研究玄奥智慧实修的时候，我们遇到了一种来自西藏苯教的强大理念。它认为，如果一个人能够掌握三种核心能力——共情、创造力和勇气，就可以认为他过上了智慧而有福祉的生活。我们被这个理念深深吸引，就把它记录下来，然后在我们的对话和探索中定期关注它。

我们在对三脑的核心能力做了因素分析之后，惊讶地发现，苯教的理念实际上显示了每个脑的关键的衍生能力：

- 心脑——**共情**
- 腹脑——**勇气**
- 头脑——**创造力**

随着研究的深入，我们从其他精神传统以及哲学教义中也发现了非常类似的看法。尽管可能用词上稍有不同（比如，友善代替共情，勇敢而不是勇气等），它们都表达了本质上非常相似的核心能力。

于是，我们对藏传苯教的这三种核心能力产生了越来越浓厚的兴趣。这些核心能力在这么多不同的哲学、文学和实践中都如此一致，我们开始寻找能够解释这种一致的结构。那么问题变成了："从三脑统合技术的角度看，这些能力有什么特殊之处呢？"

我们发现了让这些能力特别具有生命力的三个关键特征。第一，如果你从第三章的核心能力框架中寻找它们，你会注意到它们都是高度和谐一致的状态。第二，在现实中，这些"美德"本质上都是自然而然的神经性的统合。每个能力都需要其他的两个神经网络的投入支持来让它们全力表现自己的行为。这一点在本章接下来的章节会详细解释。第三，我们的行为建模研究发现，这三种能力的相互依赖以及相互统合的自然属性创造了秩序水平更高的意识和存在。换句话说，它们一起引导并创造了真实自我的至高呈现。

因此，这三种能力成为我们所尊称的三脑的"至高呈现"。我们会说，在每个脑所体现的所有能力中，"3C"（Creativity 创造力、Compassion 共情、Courage 勇气）是最有生成性的，最佳定义了三脑统合。它们绝对是获得更高水平的智慧和实现个人变革的最好方式。实际上，从我们的行为建模和行为研究工作中，我们发现，当这三种能力统合一致时，能够创造一种神奇的、令人难以置信的一致性体验。

心脑——共情

"共情是所有道德的基石。"

——亚瑟·叔本华

一颗有共情的心是有爱的心，也是关爱和连接的心，会给予和谅解，同时会积极帮助需要帮助的人。它是疗愈的心。我们希望你认同这一点，一个真正有共情心的人是值得尊重和效仿的。随着对这一章的阅读，你会认识到，这个人就是你自己。你拥有这些能力和美德，因为你有心。你的心非常聪明，它会追求实现自己的首要功能。如果你运用三脑统合技术方法让你的心达到一种高度一致的状态，你的真实自我就会浮现，它会自然地以一种"存在"的状态来表达，这种状态的本质就是爱和共情。

在我们的工作坊中，经常会被问到这样的问题，为什么不用"爱"这个词来代替心脑的至高呈现呢？坦白地说，我们可以。这更加契合大多数人对爱的传奇力量的信仰。然而，在我们的行为建模研究中，我们发现，在"至高呈现"的语意中，还需要更多的东西。

我们发现，有时人们可以运用三脑统合技术将他们的心带入一个充满爱的和谐一致状态，体验内心庄严的爱和被爱的感受，然后除了享受内啡肽在体内弥漫的感觉，别的什么也不做。时时为自己祈祷并没有什么错，人们有时更关注内部的体验而不是向外界表达真实自我。

共情，从另一个方面说，从爱开始并包括友善的行动。这个友善行动非常重要，它会让你的腹脑行使它的首要功能——核心身份认同和动起来。没有心脑的参与，没有腹脑的统合，就没有真正的共情。这就是许多人困惑或者弄错的地方，将共情与怜悯、遗憾、同理心或者只是为他人感到难过相混淆。只是感受这些状态并不能以任何有形的方式帮助到任何人。真正的共情并不仅仅是一种内心感觉。真正的共情有它的意图，它追求通过减轻他人的痛苦或者增进他人的幸福来予以帮助。它需要腹部采取友善的行动来向外部世界表达心对于爱、关心和连接这些内在价值的珍视，真正的共情会带来有共情的作为。

明智和愚痴的共情

请记住，并不是所有的有共情心的行动都是明智的。有一种共情被佛教徒称为"愚痴的共情"，通常在头脑不参与或者不能与心脑和腹脑就友善行动的生成进行统合一致的情况下发生。

例如，许多年以前，我们去印度旅行时，当地向导告诉我们，如果在大街上被小乞丐缠上，我们不能给钱，或者即使给也不能给多了。确实，在我们所到之处，不断地被这些孩子缠上。向导的话太难遵守了，这些孩子看起来如此穷困，他们的眼睛能融化石像的心。更难拒绝的是那些没有腿、没有胳膊、瞎眼或者有其他严重残疾的人。我们的心感受到他们的苦难，我们的腹脑想要给钱。这就是"愚痴的共情"。

我们向导的建议扮演了头脑"明智共情"的角色。向导向我们解释，给这些乞丐钱并不能从任何形式上改善他们的境况。这些乞丐已经以此为职业并且擅长于此，他们知道如何控制我们的心来得到钱，给钱只能增加他们成功的经验。而且如果其他乞丐看到你给钱，会有更多的乞丐缠上你，你会破产的。如果你给了一个乞丐很多钱，这会让他成为其他乞丐的攻击抢劫目标。换句话说，你的"愚痴的共情"不仅不会改善他们的境况，反而可能让事情更糟。

明智共情需要头、心、腹三个部分的统合。

有共情心的作为和"你"

作为心脑智能的至高呈现，共情肯定不仅仅是一种情绪状态，随着你每个当时的感受而来去。真正的共情是对这个世界行善，因为你是为了减轻他人的痛苦或者提升他人的幸福而行动。

作为至高呈现，共情是一种存在方式，体现了对连接的意识。可能一开始这对你的头脑来说听起来如空中楼阁，但它实际上只是你的心脑在高度和谐一致情况下的自然状态。在这种状态下心所体验到的就是"你"。当你的心处于高度和谐一致的共情状态时，"你"就是共情的。

无数研究发现，进行爱心慈善冥想练习仅仅三个月的人会比原来有更多的前额叶活动。头脑的功能确实改变了，通过进入高度和谐一致的爱和慈善的状态，新的神经连接和反应模式就会建立起来。换句话说，通过练习共情，你确实会成为一个更有共情心的"你"。

有共情心的作为并不完全是无私的。当你只是简单地对某人表示抱歉，那你仅仅就是有歉意罢了。但是当你关心对方、为对方考虑时，当你确实做了什么来帮助一个人或者让情况好转时，你会对自己以及你的价值感到开心。有共情心的作为不仅让你与他人连接，这些作为还让你与自己连接。他们让你与一个比你的人格自我更加真实、更具有创造性、层次更深的本我相连接，这个本我带着与之连接的意识来认可、体验和行动。这就是为什么在我们心灵深处，无论何时我们看到或者体验到有爱心慈善的作为，都会珍惜并感激它们的原因。

自我共情

或许共情最重要的应用之一就是对你自己。你与自己的关系是个平台，从这个平台的基础上你与他人建立关系。如果你发现当你犯些特定的错误时很难原谅自己，那么或许当别人犯类似的错误时，你也很难理解别人，对别人起共情心。如果你有一些不喜欢自己的地方，那么你对他人表现出同样特征而缺少容忍度的可能性也非常高。

许多人在自尊低、自我形象差所引发的问题上与自己斗争。如果他们基于过去的"失败"或者"错误"的认知持续地评判、批评、谴责自己，就会出现这种问题。这就成为一些滋生慢性情绪问题的温床，比如不安全感、焦虑、内疚、无价值感甚至无望感。对你自己没有共情，就很难甚至不可能自我原谅。没有自我宽恕，就很难体验到爱自己、接纳自己以及相信自己。有了共情，所有这些都马上变得可能了。

自我共情需要你从内心深处认识到自己是一个好人，有好的初衷，希望做好的事情。作为人，我们都会犯错误，这没有什么问题。我们要生活、做事、经历、习得。有了共情的心，不管发生什么事情，你能够坚定自己是一个好人，尽力去做好事。你能够用一种友善而不是批评的声音与自己对话。你对自己说肯定的话,支持自己成长为一个好人。你鼓励自己全面表达你是谁,而这基于你个人成长现阶段所知道的真实的自己。

如果没有对自我的共情,你会成为自己的检察官。你挑剔的内在对话让自己变得矮小,限制你采取更多的措施,以防犯下更多的错误。有了共情,你会成为自己最好的朋友和导师。你会通过自我觉知来寻求理解自己以及自己的条件。你会珍惜和欣赏你在过往人生中自己的初衷、自己的努力以及自己的积极面。你会肯定自己并鼓励自己去从发生的一切中学习,并用新的知识和觉知来继续采取行动。你从爱、友善、欣赏和精神境界的宽宏大量出发连接自己。有了对自己的共情,你就建立了自己快乐生活和全然真实表达的基础。

发现练习:共情式自我连接

如果从智力和逻辑出发,单单运用头脑,你并不能真正理解共情。你不能做到是因为它的家主要在心里。它不仅是一个情绪感觉状态,也是一种存在状态。就在共情通过心脑表达出来时,它是从三脑高度合一的状态下生发出来的。共情是你作为一个有意识的人全然统合的自然表达,意识到你与所有其他生命的相互连接。

在接下来的练习中,你会学习去体验作为你自己的一个至高呈现的共情。

与此刻你自己的状态相连接

1. 舒适地坐好,让自己安住在身体中。深深地呼吸,缓缓地、轻柔地、舒适地呼吸。平静下来,让你的身心足够地安定,从而深入体察自己,意识到内在的体验。为了帮助你向内集中注意力,你可以把眼睛闭上。

2. 开始意识到与自己的关系。当你想到自己时,问自己,你是一个什么样的人,你的长项和弱项是什么,你的生命中做过什么还没做过什么。开始扫描你的每个脑来看看它们的反应。觉察你对自己的感觉以及你想到自己的时候有什么样的情绪反应。注意你头脑的内在对话以及关于你自己它说了什么。注意它使用的语言和语调。感觉你的腹对自己的反应以及你的腹对于你是谁是如何反应的。

3. 现在站起来晃动身体，脱离这种状态。重新坐下来准备进入共情的状态。

连接共情

4. 舒适地坐好，做几分钟平衡呼吸，直到进入一种和谐一致的状态。

5. 开始将共情和友善吸入你的心和胸部区域。感受随着每一次的呼吸，共情在你的心脏和胸部区域流进流出。看到随着每一次呼吸，同情的色彩（不管它是什么）在你的身体内外流动。让你的身体被这种色彩包围，直到你全部浸润其中。倾听共情的声音（不管它对你来说是什么），以刚好让你体会到它充满活力地流进流出你身体的音量。

6. 现在将这种共情的感觉从你的心脏向外扩展，直到充满你的整个身体。持续强化并扩展这种感觉，直到你自己成为共情本身。注意当你变得共情时你腹脑的改变。注意当你达到共情和有爱、友善的极致时，你的想法、观点、内在对话是如何改变的。当你成为共情自身的彰显时，持续觉察你腹脑的这种改变。开始从你自己向外散发这种共情，然后你会感受到一种想要走出去、想要连接、想要提供帮助的强烈愿望。

将共情扩展到你自己

7. 当处于或者散发强烈的共情感受时，开始想想自己。从一种有意识的共情、有爱、友善的感觉入手连接自己。将自己看作一个本质上很好、以其所知或不知来尽力做事的人。欣赏你自己，考虑到你的个人经历、所受的教育及生活条件，你已经走过了很长一段路。对自己心存共情，因为你曾经那样应对你的挑战、挣扎和各种限制条件。欣赏和庆祝你所拥有的优势、能力、激情、生命中的喜悦时刻和人生中的胜利。送给自己"理解"这份礼物、不评判和接纳的恩惠以及做自己的这份自由。

8. 从欣赏和肯定自己的状态开始，觉察你如何感知自己——在深层次上你到底是谁及你的本真的价值感，然后扩展和交融。当你感觉到能够更加积极地与自我进行连接时，注意有哪些新的可能性可以支持你在日常生活中真诚地表达最真实的自己。

发现练习：对他人的同情

在这个练习中，你会学习去体验至高呈现上的与他人共情。

1. 确定一个你想要付出更多共情的人。通常，你展现出的是一种不通达一致的信号。你的内在存在着紧张或者冲突，这是因为部分的你会对这个人以一种不共情的方式思考、感受和行动，或者部分的你会说你要更加通情达理、友善或者优雅。这些不通达一致的感受就说明有不真诚的成分在。在那里，你的自尊以某种方式做出反应，一个更深层、更真实的自我知道这些反应并不能代表你在至高呈现上的真实自我。

与你目前和他人相处的方式连接

2. 舒适地坐好，允许自己安住在身体内。深深地呼吸，慢慢地、轻柔地、舒适地。让你的思想安住，以使自己深入内在，并意识到你的内在体验。为了能够帮助你向内集中注意力，你可以把眼睛闭上。

3. 开始意识到你与这个人的关系。当你想到这个人的时候，想想他做过或没有做过的事情，注意你的腹、心和头的反应。

4. 当你注意自己的反应时，觉察当你这样反应时你的感受如何。当你如此反应时你喜欢自己吗？你尊重自己吗？注意自尊的防卫带来的感觉与真实、深层以及更加本真的你所说、所感受的差别。

5. 现在站起来摇动你的身体，从这种状态中转换出来。坐回来准备好进入一种共情的状态。

与共情连接

6. 舒服地坐好，做几分钟平衡呼吸，直到你进入一种和谐一致的状态。

7. 开始将共情、爱和友善吸入你的心脏和胸部区域。感受随着每一次呼吸，这种共情的感受流入以及流出你的心脏和胸部区域。观察随着每一次呼吸，共情的颜色（任何你相中的颜色）流入流出你的心脏区域。让你的周身环绕这种颜色直到你浸泡其中。以一种正好合适的音量，倾听这种共情的声音（任何你觉得可能的声音），这样你会体验到这个声音充满活力地进入你的身体，传递到全身。

8. 现在将这种共情的感受从心脏区域扩展到你的头部，然后再到你的腹，直到它们充满你的整个身体。更进一步加强并扩展这些感受，直到你自己也成为这个共情。注意当你变得有共情心时你腹脑的变化。注意当你自己成为共情的最本质时，你的思想、认知和内在对话如何改变。当你成为共情的化身时，持续觉察你腹脑的这些改变。开始由你自身向外散发这种共情，感受一种强烈的想要延伸出去、连接和帮助的愿望。

将共情扩展到其他人

9. 当经历着、成为并散发着深深的共情、宽恕、爱和友善这些强烈的感受时，开始想到其他人。从共情的意识角度来关联其他人。不是基于他们的行为来看待他们，而是将他们看作一个人，一个完整的人，一个本质上善良、竭其所能的人。欣赏他们，他们有他们自己的历史、所接受到的教育及很多你可能不了解的故事。即使你了解，也没有走过他们的人生，经历过他们的挣扎、不安全感、恐惧、挑战和胜利。你不是他们，因而能够仅从你的立场诚实地评判他们吗？对他们不得不去应对挑战、挣扎和局限给予共情。承认、认可、欣赏让他们走到现在的必备优点。给予他们你的理解、你的接纳，放他们自由去做他们自己而不是你希望他们成为的样子。保持开放,看看你现在如何在态度、言行中以一种不同的方式去与他们相处。

10. 从欣赏、肯定他们作为一个人的具体状态开始,去觉察你的本我感(深层次地觉察你真正是谁以及你本身的价值是什么),去觉察你的本我感在延展、在发展。当你与他人充满共情地连接时,注意你如何更加积极地连接自己,一个更加真实的"你"。留意有哪些新的可能性让你在日常生活中真诚地表达最真实的自己。

共情的优势

说到心的能力和首要功能,可以说,最让人受益也最有生机的就是共情。不管是对自己的共情,还是对他人的共情,共情的行为和情感会带来理解、支持、爱、友善以及关照。共情建立信任,并让彼此连接。共情鼓舞人心。没有共情,我们的作为会是无心的,最终只会导致自私甚至残忍。从另一个方面说,共情是一种爱的积极表达,这种表达肯定、珍惜、连接并且欣赏我们都拥有的完整性。

几乎所有的宗教和灵修传承都将共情看作一种最高美德。共情驱动我们深层连接,是让我们一起流动、连接和改变的燃油。就像佛祖所说:"在分离中栖息着世界上最大的苦难,而共情里存有世上真正的力量。"

腹脑——勇气

"勇气是人类最最重要的品质,因为它是其他所有品质的保证。"

——温斯顿·丘吉尔

"勇气是所有其他美德的阶梯。"

——克莱尔·布斯鲁斯

"生命按照勇气的多少而相应伸缩。"

——安娜依斯·尼恩

没有勇气，你将不可能朝着梦想和目标行动，你就不会过上你想要的真正的生活，因为你会对任何不确定、不知道或者不熟悉的事情害怕而畏惧不前。所有你已知范围以外的行动，你都会觉得太冒险或是太令人恐惧了。没有勇气，改变现状就只能是不可能或者仅仅是意外。如果你不能满怀勇气地面对自己的恐惧，你就绝无可能过上超越限制条件的真实、有生命力的生活。有了勇气，你的腹脑将会表达你最深层的自我，给你力量，以真实的方式去行动，创造你想要创造的世界。

当我们将勇气作为一种至高呈现来提及时，我们并不是说它只是一个简单的情绪状态或者品质上的特征。如果是这样的话，那么勇气就属于心脑的范畴了。许多人经常以此种方式来理解勇气。勇气这个词来源于中世纪的英语 corage，相当于古代法语 cuer 或者 coer 以及拉丁语 cor，所有这些词都是心的意思。

从三脑统合技术的角度看，我们用勇气这个词作为至高呈现，它是通过腹脑的勇敢作为来向外部世界表达的，这也是你的腹脑的首要功能。真正的勇气是你在面对恐惧、逆境以及危险和挑战时采取行动的能力。简单来说，如果没有勇敢的行动，就不算有勇气。勇敢行动是腹脑的作为。勇气的情感部分可能会与心相统合，但是勇气的肢体表达是从腹部而来的。

真正的勇气需要有两种智慧的参与。在我们的行为建模研究中，我们发现了一个让人惊奇的事情，而它解释了这个看似矛盾的现象：勇气这个词来源于心，而实际上有勇气的行动来自腹部。

当我们需要勇气时，腹脑就会自发地感受到某种形式的恐惧、焦虑、危险或者挑战。腹脑的首要功能是核心身份认同、自我保护以及调动，它能够将恐惧的反应与一个人的核心身份认同区分开来。它认识到自己需要对这种威胁的情况做出某种程度的反应来保护自身。当这种紧张信号流动到心脏时，心脑开始运行相关的核心价值，运行的强度放大到一定的水平以超越腹部对恐惧的生理反应。心脑，从本质上说，告知肠，按照正运行着的核心价值行动比起对恐惧信号的逃避或者呆立的反应更为重要。就如我们在第三章中提到的，心脏是国王，肠是大将。腹脑对心脏的信号做出反应，根据正运行着的价值观而不是屈从于恐惧的感受来行事。在心的指引下，无论恐惧如何，腹行动了。

上述的腹—心—腹的神经顺序是付诸勇气的基本架构，头脑在其中也扮演了角色。简而言之，头脑可以阻碍也可以加速这一过程。举个例子，一个人正面临挑战，需要振作勇气来面对这种情况。振作勇气意味着什么？人们应如何来做？

如果你曾经需要振作勇气或鼓起勇气，你或许能回忆起，就像大多数人一样，你头脑的内部对话试图让你进入它。这样做，你就聚拢了内部的资源，告诉自己这样做多么重要，你为什么需要这样做，你不是从这种情况逃走的人，或者其他类似的内容。

通过告知你自己采取行动多么重要、你为什么要采取行动，你的头脑试图让心脑参与它以价值观为基础的首要功能。通过告诉你自己你不是那种像懦夫一样逃跑的人，你的头脑想要让你的腹脑参与并提醒它，你比这要强，你是一个能够面对挑战的人。在这种情况下，你的头脑作为一个勇气过程的放大器以及加速器而工作。

相反地，或许你看到过一些人，当遇到挑战他们价值观和正直感的处境时，他们退缩或者屈从了。通常，这被称为懦弱或者没有胆量。这种情况下，头脑的内部对话或许提供了一系列为什么不说或者不做是更好的选择的原因，或者描绘了一种无望的情境所以要放弃。不管哪一种方法，头脑给心"泄气"，所以就卸下了腹脑采取任何勇敢行为的动力。通过不采取勇敢行为来捍卫身份感，腹脑学着去建立一种更小、更弱的身份，让它在未来采取更少的行动。这就是贬低自我形象、自信、自尊的诀窍。在这个例子中，头脑充当了阻止腹脑表达真实自我的障碍。在恐惧的感受下，它牺牲了本我感来喂养恐惧，让恐惧更强大。

统合了的勇气

让一个最高层级的表达成为至高呈现，并不在于它是某种特定神经网络理想化地发挥功能，而是通过使你的各脑处于高度和谐一致的水平上，你的某种神经网络在表达最深层、最有生命力的自我时担任合适的角色。

这是一个需要记住的极其重要的区别，因为我们研究三脑统合技术的目标是将这些至高呈现进行应用，使制定决策和行动时拥有更大的智慧。否则，你所做的只不过是使用了各脑的一些功能，而没有必然地进化你的意识和智慧水平。

例如，有许多案例研究指出，愤怒在人们的勇敢作为中扮演了重要的角色。在一些情况下，比如在战争中被作为人质、成为街头暴力的目标或者被某些人侵入家园，深层的愤怒是由个人边界遭受破坏、核心价值被侵犯所造成的。每个人愤怒的强度不同，因而面对身体遇到的威胁和危险时，因愤怒引起冲动而勇敢采取的行为也不相同。

有时，这些愤怒驱动的勇敢作为非常合宜且有益，使生命得到保护，罪犯被打败。另外一些时候，愤怒却会导致死亡、伤害或者致残，即使承受这些的是袭击者或者罪犯。在这种情况下，危机情况或许得到了解决，然而，我们可能会问：还有更明智的做法吗？暴力常常导致更多的暴力，愤怒带来报复，恶性循环周而复始。

然而，当与共情和创造力的意识相结合并统合在一起后，勇气显示出不同的品质。当不仅仅是因恐惧而采取行动，同时也对自己以及那些威胁你的人带有共情时，勇气会呈现什么样子？当有勇气的作为是你的最高本我富有创造而又睿智的表达时，它们又是什么样的呢？当你处于一种高度一致、三脑统合平衡的状态，而不是来自试图补偿害怕的反应状态，那么勇敢行为的体验又是如何？当你通过共情、勇气和创造力全然地表达最高、最有创造性的本我时，你的存在状态如何？

去创造的勇气

对于许多人来说，他们绝大部分时间都生活在一种自发不平衡的不一致状态，试图想象一种统合了的有勇气的状态可能会非常困难，这就是问题的关键。如果无法从存在的条件方式去联系，全然的真实本我表达是非常困难的。作为至高呈现，勇气是指有勇气与你的最高本我相连接并活出它。它深入观察你的内在，同时共情地直面你的限制条件和局限的自我反应模式。通过心脑和头脑的支持，统合了的勇气使你创造出一个全新的、超越限制的自我。它使你过上有创造力的生活，不被基于恐惧的限制所制约，是一种真正的、有创造力和生命力的表达，一种在最深和最高水平上的关于"我是谁"的表达。

发现练习：体现勇气

准备

1. 舒适地坐好，让自己安住在身体里。深深地呼吸，缓慢地、轻柔地、舒适地呼吸。让你的思想安住，以使自己深入内在，并意识到你的内在体验。你可以闭上眼睛，如果这能帮助你向内聚焦的话。

2. 想象一个场景，为了在深层上更充分地表达你是谁，你想要体现更多的勇气。可能在这样的情境中，恐惧、焦虑、不安、担忧、自我怀疑或者缺少自信阻止了你对梦想、激情、目标、渴望、信念采取行动或者履行你的价值观。

3. 现在站起来晃动身体，脱离这种状态。重新坐下来准备开始进入勇气表达的状态。

与勇气连接（从心脑开始，然后让腹脑参与）

4. 舒适地坐好，做几分钟的平衡呼吸，直到你进入一种深深的平衡一致的状态。

5. 开始连接到对你很重要而且你在这种情境下想要表达的价值观。想象你拥有按照这些价值观行动的勇气，将这些勇气吸入你的心脏和胸部区域。感受随着每一次呼吸，勇气的感觉流入流出你的心脏和胸部区域。想象电影、书籍或现实生活中勇敢的人所采取的有勇气的作为，或者可以在脑海中想象能够鼓舞你采取勇敢行动的声音或者音乐。观察勇气的颜色（不管对你来说是什么）随着每一次的呼吸流入流出你的身体。以一种恰好能让你的心充满勇气的音量来倾听勇气的声音（不管对你来说是什么）。

6. 注意你内心升起什么样的价值观和深层感受，提醒你自己，尽管感到恐惧和不安全，但在这种情境下行动对你来说很重要。与这些价值观和强大的感觉紧紧连接，扩展它们，让你体验到它们的巨大、强壮、深度和力量。

7. 现在将这些充满力量的感觉吸入你的腹。感受与腹的连接，感受这种连接带来的行动勇气。感觉到你内在价值观的强大和力量让你克服恐惧、不安全和焦虑。感觉你的勇气在身体内生成，扩展到你的腹并充满你的整个下腹部、你的骨盆和臀部，并下行到你的双腿。感受自己想要移动身体来采取行动。

8. 将勇气的颜色和声音（不管对它来说是什么）吸入你的腹部和躯体下部。让这些颜色和声音环绕你直到你浸入其中，体验它们强烈地浸入并贯穿你的身体。进一步强化并扩展这些感觉直到你成为勇气本身。注意当你变成勇气时你腹脑的改变。被你的心所鼓励，当你成为勇气本身时，注意你的思想、看法以及内在对话是如何改变的。

从勇气出发行动

9. 当感受到并达到有勇气的状态时，想象你想要采取行动的情境。想象自己采取有勇气的行动并表达最深层的价值观。想象采取行动的感觉被你的心所鼓舞、被你的腹所调动。允许你的头脑创造许多选择，可以让你采取不同的行动，以便让你不管做什么，都能够全然地表达你是谁，同时最大化你为产生积极的结果所创造的影响。

10. 从"就是"勇气的状态出发，体察你是如何感知自己的——你最深层的真实的自己是怎样的，你本真的价值感在参与和扩大。当你感受到能够更加积极地与自我连接时，注意在日常生活中，在你能够真诚地表达最真实的自己方面有什么新的可能性出现。

勇敢地创造你的世界

如果你注意一下腹的所为，会发现当它处于最佳状态时，它确实是"一股勇气"。没有勇气，我们将不会采取行动，会被恐惧或者冷漠所困住。勇气是驱动意志去行动的发动机，勇气让我们行动起来，勇气给我们力量和决心。

勇气也是面对恐惧时你去行动的能力。它是你（身份认同）不管多么害怕（感知危险、缺少安全、冒险、伤害的威胁等情况）都去采取行动（调动），让你勇敢面对那些限制你成为自己的力量。

没有勇气，我们无法按照我们的梦想和目标行事。我们将对任何未知、不确定或者不熟悉的事物都太担心而不能过上真实的生活。没有勇气，改变现状将无法实现或者仅仅是个偶然。

有了勇气，经过统合而激发的勇气，你的腹脑就能赋能于你，以你真正所是的方式行动，从而表达最深层的本我感。

头脑——创造力

"创造力就是创造性打败了习惯。"

——亚瑟·凯瑟特勒

"创造力是自由的最佳表达。"

——布莱恩特·H. 麦吉尔

头脑会做很多令人吃惊（以及愚蠢）的事情，但是真正将我们人类与灵长类以及其他动物分开的是我们头脑的能力，它能创造、想象新的事物，发明出新的点子，创造新的方法，发展新知识和新的理解。通过这些创造性的过程，我们创造了语言、沟通、艺术、科学、技术以及最终我们生活的这个多彩的社会。如果没有了创造力，我们会怎样？重复地做一件事情，在一棵树上来回摇荡，一成不变地重复每天的生活，太无聊了！

幸运的是，人类本质上是有创造力的生命。在至高呈现的情境下，创造力不仅仅是横向思考，也不是简单地让你所做的事情具有艺术性或者革新性，它涉及如何创造以及体验你的世界以及你自己。它决定了如何通过思考、认知和解读建构你自己的主观现实。

创造力是大自然给我们所有人的一份馈赠。我们给自己的体验创造了什么，这是一种选择。生活中什么都会发生，然而发生在我们身外的事情和事件任由我们解读。它们所承载的意义是我们赋予的。我们创造的意义创造了我们的体验本身，并且引发我们相应的回应和行动。创造力是指你作为一个真实的人如何表达自己，如何选择让生活中发生的事情产生意义，并对此保持觉察。

创造力也是关于意图的。你真正想要在主观体验上、想要通过对外部世界的行动和结果为自己创造什么？作为一个自然的、有着内在创造能力、有主动意识的生命，你想要有什么想法？你想要如何解释发生在你生命中的事情？你想要如何体验和回应所发生的一切？

我们曾经遇到过许多人，他们对自己、对生活的体验是受限的，也可以说，是不那么精彩的，他们感觉到自己的生活不应仅仅如此。他们觉得没有实现自己，不是因为他们生活中发生或没发生什么，而是因为他们对如何创造意义并体验它感到不满足。

这些人经常说："但这不是我的错，生命只是如此发生了！"是的，可能确实是"如此发生"了，而接下来，你对它的解释，就是你的"选择"。

你如何解释它就创造了你对事情的体验，也创造了你对自己与它的关系的深层体验。你的选择是有创造力的。

比如，你对工作失望透顶，非常不开心。你的老板或者经理非常粗鲁，无理地要求你承担荒诞可笑的工作任务。你发现自己的工作苦闷、乏味而且毫无意义。你觉得被困住了，因为你需要这份收入，而再找一份工作谈何容易？另外，你也不是很确定自己真正想要做什么。简单来说，你的生活一团糟。

你不得不承认，在这个例子中，你没有遵照最真实、最有创造力的本我至高呈现的状态生活。但这是你自己创造的。是的，如果这是你的生活状态，那这是你自己创造的。你创造了自己的工作环境以及这种无法改变、受困其中的感觉。

怎么会这样呢？让我们从你的老板开始。事实是这个人可能言语莽撞、没有社交风度，他也确实给你分配了大量的工作。然而给这些行为贴上"粗鲁""无理"以及"荒诞可笑"的标签就是你的解读，认为他的沟通风格非常无礼是你的选择，不是他的；另外一些人可能会将老板的沟通风格定义为"直接"以及"无所谓"。将你的工作负荷解读为"无理的"以及"荒诞可笑的"也是你自己贴上的标签，所有的老板做的只是给下属分配工作任务；另外一些人可能将这些工作任务看作"挑战性的"或者"高数量的"。

每种解读都会让你创造对工作的不同体验。每一种体验也创造了一个不同的"你"——一个倍感压力的你、一个被激励的你、一个感觉到被冒犯的你、一个富有成效的你，等等。

这里有两个经验：第一个经验是你的想法是有创造力的，它们创造了你在特定时刻的体验以及你被给予这些想法的方式；第二个经验是你首先是自己想法的来源，你创造了它们，作为你当时状态的自然结果和表达。

你是自己想法的作者，也是你自己意义的创造者，而这反过来又创造了你。如果你有了压抑的想法，你就会感觉到压抑；如果你有感激或者快乐的想法，你就会感到感激和快乐。

这就是我们所指的，创造力是对你是谁的至高呈现。你不会没有创造力，你创造了自己的想法。你的想法不是无源之水，它们来自你自己！你的想法来自你如何存在、行动并体验你的世界，它是这些方面的自然表达。好消息是作为你自己想法的创造者和作者，你可以选择要参与哪种想法。同时，因为你的想法又反过来再造你，你也确实可以创造你自己以及你存在的方式。问题是，你想要创造一个受限的、被困住的自己还是在你能是谁的最高水平上创造自己？

创造力作为至高呈现来自有意识的选择。创造力是自由。它将你从受害者的状态中解放出来，无论生活中发生什么或即将发生什么，你都能创造并选择你的想法和解读。你也可以选择你的应对，所以你不需要妥协，反而可以扩展在任何情况下你的应对。创造力使你成为自己生活的作者，所以你能够在任何情况下都过上真实的生活。

珍视你创造性的本我

作为人类，我们本性是有创造力的。看看在玩乐的孩子，看看成人创造或者解决自身问题的惊人方法。因此，当有些人认为自己没有创造力的时候，我们也感到很吃惊：怎么会这样呢？

通常，我们发现这样的人对于创造力都有一个固化的概念。他们将创造力与艺术家、音乐家、发明家、设计师、市场策划、时尚设计师、电影制片人、编舞、艺术表演家以及其他类似的职业联系在一起。他们也将创意行为理解为绘画、雕塑、写小说、摄影之类的行为。

因为这种固化概念，他们经常说自己不是有创造力的类型。我们将创造力作为至高呈现，不是指它与任何此类固化形式的关系，而指的是"觉知的质量，由这种觉知撰写你的人生"。它是指你选择去实现最高、最具创造力的本我感，并相应地体验人生。

然而，现实还是存在体验不足的选择，为什么会如此呢？如果人们能够真正理解他们生来就具有创造力、他们能够通过选择想法的质量而最高水平地创造他们自己，他们为什么不这样做呢？最简单的回答就是他们的头脑与心脑并没有统合。

作为一种至高呈现，创造力需要与你的心脑统合，同时将你自己作为一个有创造力的人来欣赏并珍惜。就如我们已经讨论过的，由心脑来引领。当你的心全然地珍惜创造力时，你会自然地开始选择你的想法来表达自己与生俱来的创造性。

创造行动

对创造力的最终测试是创造本身。你的创造过程有产出吗？如果没有，那它就不是创造性的，仅仅是想象而已。当你考虑到想法的质量，这些想法代表着你最高本我时，你的身份认同部分需要扩展并参与到"就是"这个更好的"你"的过程中。你需要从这个更具生命力的本我感出发并给予这个真实世界行为上的回应。就如你现在所知，身份认同的提升以及采取行动都是你腹脑的首要功能。

作为一种至高呈现，你的腹脑需要统合到这个创造性的过程中，来完成一个真正的、可实现的结果，而不仅仅是一种好的感觉。仅仅在头脑里想一想，远远不足以成就你对具有创造性的本我的最高感知。如果你对自己本我的最高感知包括平和以及宽恕，那你必须以一种平和宽恕的方式行动。如果平和以及宽恕并没有在你的世界里被创造出来，那它们只不过是想象或者幻化出来的。

三脑统合技术导图的至高呈现并不仅仅是每一个独立神经网络的功能最大化。它们通过将你的三脑统合到一种高度和谐一致的状态以得到你是谁的至高呈现。

发现练习：统合创造力

准备

1. 舒适地坐好，让自己安住在身体里。深深地呼吸，缓慢地、轻柔地、舒适地呼吸。让你的思想安住，以使自己深入内在，并意识到你的内在体验。你可以闭上眼睛，这能帮助你向内聚焦。

2. 想象一种情境，在此情境里你感到困住、受限或者想要更多选择。

3. 舒适地坐好，做几分钟平衡呼吸，直到你进入一种深深的平衡而一致的状态。

与创造力连接

4. 觉察在这种情境下表达什么价值对你很重要。允许这些价值出现并在内心深处体验它们。将这些价值吸入心脏。

5. 现在想象自己拥有创造力，能够通过很大范围的行为或反应来表达这些价值。你不需要知道这些行为或反应具体是什么，只需要连接"你有足够的创造力来创造"这个想法。你可能发现，想象那些电影、书或者现实生活中的有创造力的榜样能够帮助到你，或者想象鼓舞你以及给你带来创造性感受的作品也会有帮助。允许你的心珍视这种创造性并且全然地感激它在表达最真实的你上的重要性和价值。

6. 开始将这种创造性吸入你的心脏和胸部区域。感受随着每一次呼吸创造的感觉流入流出你的心脏和胸部区域。观察创造力的颜色（不管对你来说是什么）随着每一次呼吸流入流出。将自己环绕在这种颜色中，直到深深地沉浸其中。倾听创造力的声音（不管对你来说是什么），以一种让你充满活力地感受到它进入并遍布你身体的音量。

产生创造性的选择

7. 现在将你的创造力吸入头脑，感受到头脑被创造力所充盈，感觉它扩展并到达你的脸、脖子以及肩膀。注意从你头脑升起的思想、图像以及声音的自由流动。注意并且欣赏你的头脑如何轻松地创造并产生它所做的，甚至无须什么努力。

8. 继续你的平衡呼吸，按照你此时想要传递的价值观，要求你的头脑想象出至少三种选择来应对目前的情况。不要试图分析或者有意识地思考出这些方法，只是关注你的平衡呼吸，感受你心中渴望的价值并允许这些感觉流入你的头脑，控制住去创造新选择的意图，允许你的头脑自由地为你创造这些选择。只是观察，随着你的想法、想象的图景、内在对话的升起去观察它们。允许新的选择出现并自我成形，同时控制住你想要把它们带入清晰且有创造力的模式的意图。

9. 每当一个新的选择出现时，不要去评判或者评价它，特别是不要用你现在的思考标准来评判它，只是感谢你的三脑一起合作创造了新的选择，只是接纳它们，每一个选择或者完整或者并不成熟。你只是简单地追随新选择的创意来思考情境以及如何用不同的方法解决。并且，你的头脑可能创造了多于我们原来要求的三种选择。对所有的创造性可能都保持开放。

有创造性的校准和统合

10. 当一种选择出现时，你与它共鸣，将这种选择带入你的心。允许你的心珍视它并将情感上的意义赋予它。新选择的特征可能就开始按照心的"评价"来改变了。

11. 现在将这种再评估过的选择吸入你的腹部。允许你的腹脑去消化并进一步调整这个选择，以使你感受到并通达一致地由直觉将这个选择付诸行动。去感受这个选择是如何被你既智慧而又富有直觉的腹脑转化的，而采取行动就是一个你是谁的自然表达，也是你向你的世界彰显最高意图的自然表达。

12. 现在将这种转化了的选择再吸入你的心脏，按照它的新形式重新评估这个选择，从欣赏你的创造性价值，感激你作为一个内部一致的有创造性的人，来觉察你的本我感在扩展并进化。当你更加积极地与自我连接时，注意在你的日常生活中，表达真实自我的新的可能性的出现。

通过三个 C 来校准和统合

回顾第一章，你会发现，在许多美洲印第安人以及北亚部落的灵性传承中，有一种共同的信念，即我们都有三个相互独立的灵魂。在许多此类的智慧传承中，疗愈就是将这些灵魂统合，而所谓的心理和生理的问题，也就是当这三个灵魂不能统合时产生的。这也是本书的主旨。当这三脑，或者说这三个智慧的"灵魂"不能统合一致甚至彼此争斗时，就会引发心理以及情绪问题。三脑之间的不一致会削弱成功并造成异常的行为结果。

佛教和苯教传统都认为，共情、勇气和创造力都是强大的能力，它们能够结合在一起，在生活中生发智慧和疗愈。如我们以上所看到的，这三个 C 可以看作三脑的至高呈现。通过这些优化的表达，校准你的三脑，由此你生发出强大的合力，使蜕变和个人的进化成为可能，并创造不可思议的结果。

通过爱、友善以及共情，你的各脑感受到被滋养、被信任和被支持。再加上创造力，你的各脑发现了最具有创造性和灵活性的选择来继续前行。然后，通过腹部所深深感受到的勇气，你激发自己产生一种不可思议的愿望去行动，而这就把心所感受到的创造性改变带入了你的世界。

她只屈从于爱

"你通过改变自己的心来改变生活。"

——马克思·卢卡多

在我们的行为建模研究中，关于影响并沟通三脑的无意识层面，我们调查了多个领域，还采访了一组折中学派的著名人物，包括一位巫术（Wiccan）魔法的修行人——一个练习所谓的"智者魔法"的白女巫，女巫告诉我们说:"她只屈从于爱!"

这句话的意思是说,她——这个由你的所有心智/身体智慧统合构成的无意识部分,最容易对爱和共情做出反应。你不可能强迫或者恫吓无意识部分进行一个长久的、持续的改变,这样做最终会反弹的。你可能会在短期内掌管它,但最终它只能通过爱、信任和尊重的关系获得,即你的意识可以与你的三脑的无意识部分合作并影响你三脑的无意识层面。

这也支持了三脑统合技术的原则,就是至高呈现(Highest Exp ression)的基础顺序(foundational Sequesnce)最好从心脑的共情和爱开始。以此为基础,这个过程可以流动到其他的脑,因为它们真的只屈从于或者说只对共情、关心、信任和爱做出最佳回应。

统合以及顺序很重要

正如在本章开始提到的,三C的一个特征就是在至高呈现的工作过程中相互依赖、相互统合。如果三C中的一部分脱离其他部分单独工作,会面临牺牲一种重要能力的风险,这种能力可以实现经过统合的真实本我的至高呈现。

例如,没有共情的勇气很快就会变成斗争或控制;没有创造力的共情就是佛教徒所说的"愚痴的共情",它会很快引发"共有的痛苦",造成的损害远大于益处。

没有与勇气和行动相连的创造力只是单纯的"意淫",它虽然可以创造好的点子,但是因为没有行动而改变不了什么。另外,没有创造力的勇气会变得固执以及不变通,导致勇敢的愚蠢。最终,没有腹脑的行动意愿来疏导的共情不会以任何有形的方式帮助到任何人。

正如你能看到的,如果只靠它们自己,每一个至高呈现都会导致潜在的问题。只有将它们统合在一起,你做出有智慧的和有创造性的行动的概率才会最大。这种行动完完全全地表达着你经过统合的真实本我的最深切的本质。

另外，你如何运用这些至高呈现的顺序非常重要。在第二章中我们学习到，在三脑统合过程中，神经网络使用的顺序不同会带来结果的成功或者失败。当你用到至高呈现时，三脑统合技术的基础顺序就是你开始的最佳平台。

从共情开始做起，你就将自己置于一种关爱、友善的积极状态中，从而指导你的头脑为每一个参与进来的脑生发出既有生命力又具生态平衡的创造力。一旦你拥有既平衡又有共情性的创造性解决方案，你的腹脑便开始介入并提供有勇气的干劲以及行动的意愿。现在，你就有了一个被精微校正的过程，这是一个积极的、关爱的、有创造性的、有生机而且被赋予能量的过程。现在，改变将开始在你的世界里发生。

听起来很神奇？那就让我们学以致用，从下面的发现练习开始吧。

发现练习：至高呈现

1. 想象一件事情或者一个场景，在其中你愿意展示一种与你的真实本我紧密联系和一致的状态，一个你最真实的自己。这可能是一种你曾经以反应式的、自尊驱动的、防御的或者害怕的方式应对的事情或者场景。你能够认识到这一点是因为你的体验有些痛苦。在你内心深处，你知道自己不应该或者并不真正想要以这种方式行动。在你内心深处，你知道自己的行动是反应式的，它们并不真正代表你真的是谁。

2. 现在舒服地坐好或站好，开始第四章所述的平衡呼吸练习。

3. 在经过几分钟的"正弦波"（吸气6秒钟，呼气6秒钟）呼吸达到平衡的状态后，开始想象或回忆记忆中能够产生强烈共情感受的场景。运用神经统合式参与方法将共情用颜色显示出来并将其吸入，想象共情的声音并让它充满你的心脏。当你这样做时，与你内心升起的共情、关爱、友善的感觉紧紧相连。

4. 当你全然体会这种共情感受后，将它吸入你的心脏区域并且感受这种共情的感觉随着你的每一次呼吸充满你的胸腔和心脏区域。允许这种共情的感觉与最真实、最本源的你深深共鸣。现在，带着共情的意识将这种感觉放大至少 10 倍来感受那种深深的、丰富的、充盈心灵的体验。

5. 现在开始想象并感受充满共情力的"你"，将这种感受向上扩展到你的头脑。当你将共情的信号向上传递时，允许你的头脑充满共情和创造力，去意识到你是一个有创造力的生命。从有意识的共情开始，体验你内在的天然的创造能力在发挥作用，开始想象应对这件事情的新方法，观察并享受你的头脑如何更容易地产生越来越多的新方法，充满共情地、有创造性地应对这件事情。

6. 现在，将这种你是一个充满共情的、有创造力的生命的感觉深深吸入身体，从你的头回到你的心。给你的心以自由，来感激欣赏大脑如此具有创造力，能够产生各种各样的新的选择或者回应。让你的充满共情的心对这些新选择的价值进行优先级排序，感受作为一个有自我觉知的生命，你真正是谁，按照这些新选择与你真正是谁的回答所产生共鸣的强弱排序。

7. 现在继续将这些有创造性的共情感受以及这些新的选择吸入你的腹脑。感受你的腹脑将最一致、最能共鸣的选择吸收进来。感受那股要勇敢地将与你最有共鸣的选择付诸行动的冲动，这是你作为一个有共情心、创造力和勇气的人的自然表达。感受这种共鸣，作为一个有意识、自我觉知、生命的人，你对于自己究竟是谁而采取行动的共鸣。将这种采取勇敢行动的感受扩大 10 倍或者更多！

8. 现在将这些有共情的、有创造力的以及勇敢的感受重新吸入你的心脏。当这些信号自然地、轻松地向上流动时，开始越来越清晰地觉察真实的本我感。保持开放并觉察你整个状态的改变和这些被扩展了的感知，即你真正是谁、现在如何将你统合过的真实的本我呈现给这个世界。

mBraining 三脑教练
运用三脑做酷事

第八章
生发智慧

生发智慧
至高呈现
创造力（头脑）
共情（心脑）
勇气（腹脑）

通达一致

交感相应

创价学会在日本已经有 700 年的历史，在它的教义中，有一种被称为"佛态"或者"佛慧"的神秘事物。它能充当一个储存器，任何人都能通过它掌控自己的生命，成就自己的伟大梦想。这些古代的精神传统相信，这是一种融合了创造力、共情和勇气的智慧状态。

这一教义指出，当具有创造性的智慧与勇气无畏地连接互动、与深层共情统合一致,从而使每一个行动都充分地做到助己利他及益于这个世界的时候,就会产生巨大的能量和力量。利他和益于世界的行动是智慧本质的最关键的一点。智慧并不是来自狭隘地关注于服务自己,而体现在一个关于选择、视角和多种特征的更大范畴的概念里;它体现在能够更加有弹性地在正确的时间、为了最大可能的益处采取合适的行动。

多重视角

"知识来自单一观点,智慧来自多重视角。"

——格里高利·贝德申

根据伟大的人类学家、哲学家、系统理论家格里高利·贝德申的观点,智慧需要多重视角。他的典型研究风格常常发人深省,贝德申以"世上没有只有一种参考观点的内在智慧"而广为人知。例如,有些人40岁了,他们老吗?如果从一个单一视角来看,这只是一个数字"40岁"。仅从它自己来说,40岁没有任何意义,只是数量上达到40年的一个事实。然而,一旦我们引入第二个参考点,对于一个6岁的孩子,40岁就有了另外一种含义。从一个6岁孩子的视角来看,一个40岁的人确实是老了!现在,我们加入第三种视角,一个80岁的人,那么40岁就一点不老,它只不过是80岁的一半而已。

注意,当你同时拥有这三种视角时,你对40岁的理解就不同了。从三个参考点来看,你能够看到原来在只有一个或者两个参考点时无法分辨的更大的模式。因为智慧需要对任何情境或者问题都能看到更大的模式,对于提升智慧来说,最少数量的参考点或者视角是3个。就如贝德申在他的著作中指出的,只有通过多重视角以及多重区分,我们才能够产生选择,并且权衡哪个选择是生态的、智慧的、完好的。

三脑统合技术模型在校准统合三脑的要求上认同了这些洞悉。如果你只使用你的头脑来做出重要决定,你就限制了自己的选择,限制了你可用的神经网络的视角。通过使用三脑的三种智慧,你为决策过程提供了至少三种视角。另外,就像我们在前面的章节中所看到的,当你通过共情、创造力以及勇气的至高呈现协调一致了这些视角时,你就解锁了一种真正不可思议的智慧形式。

再生性智慧

经常有人说,智慧随着年龄增长。如果你和我们一样的话,你可能会发现这并不一定正确。一些人年纪增长了,却没有得到智慧,然而一些年轻人却显示出了超过他们年龄的很高的智慧水平。作为行为建模者,遇到这些看似矛盾的问题时,我们都会很好奇:这是如何发生的?

年龄等同于你在这个星球上生活的时间长度以及你生活经历的数量。但是在相同的年龄,一些人有比其他人更广阔、更深层的生命体验。智慧并不仅仅来自所经历的数量(尽管这有帮助),而更多地来自不管生命给予了你什么你是如何体验的质量。你是将生活中的事件体会成碰巧发生在你身上而被动接受,还是将生活体验看作一个不断学习、持续成长、在存在状态的最高水平上表达自己的持续过程?

后一种方向让你能够不仅仅经历年岁,而且能够发展出智慧,让你能够持续地发展自己以及发展再生性智慧的意识水平。

然而,再生性智慧远远不只通过生活体验来获得智慧洞见,它是在你的日常生活中习练出来的。因为它被应用在你的日常生活中,所以它在现实世界中产生结果,从这个结果中你又能生发出更多的智慧。这是智慧的良性循环:现实世界的应用会带来更多的智慧。

当然,达到这一点需要你的三脑在它们的至高呈现状态下一起工作。没有了创造力、共情和勇气,智慧就无法生成。共情的心提供了情感燃料以及为他人、为自己、为这个世界带来改善的愿望。这为头脑的创造性视角提供了方向，将所有可用的信息统合到一种更大的模式中，为观察和理解情境或者问题提供新的方法。从心的视角来看，这些新的洞悉和理解被给予了很高的价值和特征，然后它们告知腹脑如何在现实世界中采取更明智的行动。另外，对于你的身份的理解，腹脑的视角被极大地拓展，并且通过采取行动得以进化发展。

再生性的智慧是普惠一切的智慧，所以它在你的自我进化过程中也扮演了一个很重要的角色。它不是一种智慧的终止状态，而是一个持续不断的过程，是一个学习、生活及通过意识和存在的高度合一而生发出更高本我感的持续过程。它是可转化的智慧，持续地转化关于"你是谁""你如何看待这个世界"以及"如何与其相处"。

校准智慧

"你必须不仅掌握倾听你的头脑的艺术，还要掌握倾听你的心和你的腹的艺术。"

——卡莉·富奥莉娜

三脑统合技术模式告诉我们，智慧是通过倾听三脑，并让它们都以各自的至高呈现参与到过程中来产生的。这一点已经被大量的事实所验证，也是此书通篇重点论述的。三脑统合技术导图给了我们一个运作的具体方式，同时提供了一个引领框架：

1. 通过有意识地控制自主神经通路，激活、联通你的神经网络，然后让它们彼此沟通。

2. 校准你的神经网络，根据你的反应和状态确保三脑的和谐一致，进而使其功能处于更高意识或者本我至高呈现的水平上。

3. 将这种更高水平的意识或者真实本我应用到生活的实际情境中，做出更明智的决策或者行动。

这个过程的关键是多视角和至高呈现在现实世界的应用。系统理论家、生物学家、哲学家胡姆贝托·马图拉纳博士指出："所知即所做。"只有当你能够以深层智慧来运用它，并形成现实世界的行动和结果时，你才真正地掌握了它。

行动中的智慧

智慧包括行动以及对现实世界的表达。没有体现为行动的智慧不是真正的智慧，只是些好玩的点子罢了。另外，不能指导或在现实世界产生改变的观点只是对宝贵时间和精力的浪费。与其说是聪明的点子，还不如说是幼稚的幻想。

因为智慧只有被实际应用到现实情境中时，它才是真的智慧。本章剩下的部分要谈到三脑统合技术工具箱——三脑统合技术模型、导图以及在现实环境中应用的原则。

三脑统合技术工具箱

生活的成功肯定需要许多不同领域的技能。从三脑统合技术的角度看，我们发现，有6个非常重要的应用领域，涵盖了大多数人在各个生活时期的重要问题。在这些主要领域中，学习并应用三脑统合技术过程能够给你的生活质量以及你想要达成的结果带来巨大的改变。三脑统合技术工具箱的主要领域包括：

1. 自我觉察以及发展直觉
2. 自我控制以及状态管理
3. 勇气、激励以及采取行动
4. 决策以及问题解决
5. 习惯控制以及克服冲动

6. 健康和幸福

注：我们并没有暗示三脑统合技术对其他领域就无作用或者不能真正地强化和完善，例如、关系、沟通以及冲突管理都是很重要的生命领域。我们建议，这些技能可以通过三脑统合技术工具箱的六大区域的必备知识来更好地习得。

发展你的直觉

"每个人都有直觉。你越认可它，它越强大、精确。"

——马勒·米切尔

直觉是深层的内在认知。它被定义为在不使用逻辑推理和原因判断的情况下获得认知的能力。换句话说，它是一种超越了有意识的头脑过程而获得认知的方式。

根据利兹大学杰拉尔多·金森教授的理论，直觉通常（并不总是）发生在人们承担巨大的时间压力、严重危险或信息过度的情况下，此时有意识的分析非常困难甚至根本不可能（矛盾的是，直觉同样也发生在深度放松的时候，此时自主神经系统处于一种平衡一致的状态，所有的脑都与头脑的两个半球在平衡状态下连接在一起）。

在英国心理杂志发表的一篇文章中，霍奇金森教授引述了一个一级方程式赛车手的例子。这个赛车手在一个急转弯道死命刹车，避免了撞上赛道前面堆积的车辆。事后在心理学家和在场法医的分析中，赛车手自述他当时完全意识不到为什么他会突然刹车，但是他感觉到了一种超越赢得比赛的强烈冲动。通过录像以及回忆分析，他能够通过外围视角观察到观众的反应，当他接近弯道时，潜意识感应到发生了什么问题并激发了他去刹车的强烈无意识冲动。

三脑的讯息

用三脑统合技术的话来讲，直觉是所有三脑的智慧和信息的统合。这与通常的认知不谋而合，通常的认知说直觉包括"肚子的感受、心的讯息、预感或者第六感"。实际上，直觉这个词的词根就是"tuere"，意味着"保护或者保卫"，这实际上也是腹脑的首要功能。我们可以通过赛车手的例子清楚地看到其发挥的作用。

行为建模发现，直觉来自腹和心的感觉、强烈的冲动、紧迫感、梦想、愿景、味道、嗅觉以及声音。它通常也被称为"小而安静的内在声音"，并具有如下的特征：

- 直觉是一种感觉，发自内心深处，没有过多的言辞（例如不是很复杂的内在对话）
- 直觉是平静的而不是害怕的
- 直觉通过充满尊重的内在提问而被鼓励获得，却不能被强制得到
- 直觉经常通过梦境展现，是符号化和有隐喻性的

我们的三脑持续地试图就我们的世界里正在发生什么给予知识和洞见。关键是研究这些信息，有意识地搞清楚这些信息的意义，并提炼和打磨它们。亚里士多德给出了智慧的最佳定义："凭直觉获知的推理与科学知识的结合。"

"直觉青睐有准备的头脑。"

——安东尼奥·达马西奥

这是一个重要的概念。智慧的直觉需要该领域的知识。你不可能在没有任何知识或者经验的领域获得智慧的洞见。例如，如果你从未学过医，做多少三脑的统合都不能帮助你产生对脑手术的有洞察力的直觉。你需要准备。你需要有意识的头脑注意力和认知参与到这个过程中来，但是只具

有基于头脑的知识和经验也并不能产生智慧。

统合的直觉

请注意，我们在这里并不给出关于直觉的最终论述。我们不是要针对直觉的各个方面打磨出百科全书式的著作。相反，我们关注的是一种能够带来实际应用的智慧的直觉。

我们并不认为直觉是什么神奇的、玄奥的或者神秘的东西。我们研究的证据表明，直觉是一种神经的、生理的过程和结构。我们运用三脑统合技术的建模工作已经发现了将直觉运用到智慧过程的关键。所以，将那些把直觉视为灵异现象或者能力的观点放在一边，我们将直觉看作每个脑的至高呈现所创造的深层的、有洞见性的、统合的认知来进行探索和研究。

内在声音

一些研究将单纯的头脑或者基于自我的内在声音与心/腹直觉的内在声音做了一个明显的区分，并且说心/腹的声音来自爱、共情、平和以及勇气。这是很重要的观点。你的每个脑都能提供直觉讯息。会有一种来自头、心或者腹神经网络的"内在声音"或者沟通信息（通过符号、意象、感觉等），如同第四章所说，这种"内在声音"可能就是心脑、腹脑或者头脑的右半球的非言语信息的翻译，转化成了你在有意识觉知的情况下能了解的语言。但只偏听一个脑的信号会导致不明智的决策。你的心脑、腹脑或者头脑会陷在其他脑提供的直觉讯息里，所以你需要了解并追踪是哪一个内在声音在同你说话。通过实践，你能够了解到头的信息、心的信息以及腹的信息之间的差别。

直觉智慧的结构

智慧的直觉过程存在一个结构。就像我们看到的，每个脑都能够并且愿意提供关于你的世界以及你的实际状况的直觉信息。但是当它们处于至高呈现时，三脑产生的洞见和信息的质量有巨大差别。神经网络在交感或者副交感状态绝对主导时，其产生的直觉信息会被扭曲并且是不明智的。例如，在愤怒或者害怕的状态下，你的脑绝对会发送直觉信息，但这些信息与你在一种爱、慈悲、平衡以及安宁的状态下释放的信息在质量和洞察力上完全不同。

为了得到直觉智慧，你需要利用三脑的至高呈现，在一种平衡一致的状态下，与你的三脑沟通，尊重地请求得到它们的直觉和洞见。

用于找到你的直觉智慧的三脑统合技术模型包括：

1. 与你的每个脑沟通并请求每个脑为你正探索的情形提供信息及深层直觉。

2. 当它们回应你的请求时，关照并对这些来自你的每一个神经网络的信号做细微的鉴别。

3. 平衡呼吸，将你的每个脑带入和谐一致和至高呈现状态。

4. 现在，允许深层直觉的洞察凝聚成意识，凭直觉获知的信息来自你的三脑的统合一致。

5. 由此而来的就是深层直觉智慧。

发现练习：直觉

在这个练习中，你会学到从无意识以及多个脑中获得洞见和深层的直觉讯息。

1. 想象一个你乐意运用直觉和内在智慧的事情或者情境。

2. 现在舒服地在一个安静的房间坐好，不受打扰，开始前面章节中所描述的至高呈现的平衡呼吸。

3. 内在平静是进入直觉的一个前提条件，所以确认你引导自己进入一种深深的平静放松的和谐一致状态。通过吸入平和、喜悦以及共情，调和校准你的心脑、头脑以及腹脑，同时将这些感觉和讯息传递到你的三脑。

4. 平静地校准调和三脑，充满尊敬地问自己问题，倾听第一个跳到你脑子里的答案。这可能是一些图画、声音、感受或者一些词语。不管它们是什么，只是体察它们、关注它们，感谢你的脑提供这些信息。现在开始探索它们到底意味着什么。询问你的无意识脑来帮助你理解这些信息。不要强迫自己开始这个过程，只是允许直觉和观点自然地流淌到你的意识里来。你可以单独地询问你的每一个脑来得到它们的智慧。问问你的心脑这是指什么，问问你的腹脑，问问你的头脑。当你这样做时，保持平衡的呼吸，同时等待它们的反馈。

5. 请记住直觉是平静而不害怕的。所以如果你感觉到任何强烈的害怕或者恐慌反应，请去观察它，平衡地呼吸直到你回到自动一致的状态。然后问你的脑，让它们告知你是什么引发了这种反应，你需要学习什么样的直觉或者洞见来为你的状况带来创造性的智慧。这都是解码在初始反应下更深入的信息。

6. 有了信任、尊重以及练习，你会发现你的深层直觉变得更加精确、更有洞察力，并且能更容易也更快地到达意识觉知。

精确来自实践和信任

研究发现，直觉会随着不断练习而发展。例如，美国陆军就发展了一个训练官员提升他们直觉技能的培训项目。这个项目是为了协助战斗官员应对所谓的VUCA状况而开发的，VUCA指的是包含"不稳定、不确定、复杂、模糊"的状况，所有这些情况都需要充分利用三脑的洞察力。

直觉训练的一个主要发现是，随着精细化练习的增加，直觉的准确度相应增加。直觉包括了对三脑内部以及它们之间的神经网络的使用以及模式建立，这并不奇怪，实际上，这就是神经网络的工作过程。模式是通过重复建立起来的，这很像肌肉练习。如果你正在进行体重训练，你会知道举一次哑铃并不能锻炼出肌肉，所需要的只是重复。你通过重复来加强力量，重复得越多，肌肉就越强大，就越容易达到目的。发展"直觉肌肉"也是同样的道理。

信任是发展精确度的一个重要因素。你越信任你的直觉和感受，它们就越精确。在一系列研究中，参与者被要求预测各种不同的结果，包括2008年美国民主党总统候选人提名、各种电影的票房成就、《美国偶像》的冠军、道琼斯指数的走势、大学生橄榄球赛的冠军，甚至天气。研究者发现，无论是受测者自然地信任他们的感觉决策，还是因受到影响而信任他们的直觉，他们的直觉预测的准确度都显著提高了。不论这个事件的跨度以及预测的范围如何，研究结果一致表明，当人们高度信任他们的感觉时，比起那些不太相信自身感觉的人，他们更容易正确地预测出最终的结果。通过这个研究你可以得到的信息是，信任你的三脑，它们会对这种信任做出反应。练习倾听直觉、感觉以及来自各脑的信息，当你获得成功，庆祝并放大这种信任时，就是在发展你的直觉能力了。

自我觉察：解构这些信息

同直觉的情况类似，自我觉察也需要观察并聆听你所有脑的信息并做出回应。对于真正的自我觉察，你需要探索你的头脑对你目前的状况是如何考虑的，你心脑的感受是什么以及你腹脑的感觉。你需要解构并查看每一个神经网络的感知如何，以及它们想要告诉你什么。将你的感觉、想法、反应以及回应区分开来，对你的内在知识做多重的区分。做了这些之后，你会发现，你也只是了解了你内在世界的部分图景。

自我欺骗

你还需要了解自我欺骗并克服它。脑会迷惑、欺骗或者混淆。很多都是看状态的。在高度交感主导以及压力状态下，心脑和腹脑会发送具有惊人破坏力的信息。当回复到平衡一致的状态时，它们的回应以及传递的讯息就会更平衡。

你也可以欺骗自己，倾听或者聚焦在其中一个脑传送的讯息上。然而，只使用头脑智能而没有心脑的参与会很危险。有许多非常聪明但是完全无心的人，对他们周围的人和系统造成了很多的伤害。

通过将你的身心调整到一种平衡一致的状态，并且引导你的三脑进入其至高呈现，你就给了自己一个最佳机会从三脑那里得到开放、诚实的信息、直觉以及反馈。

认知不一致

在第六章中，我们介绍了认知不一致这个很重要的概念。你会记得，根据多年的研究以及成千上万的后续实验室验证和现实世界的调查，利昂·费斯廷格教授提出一个假设，即无意识脑不喜欢不相匹配的认知、思想、信念或者想法以及这种不匹配造成的"不一致"的感觉。所以，无意识脑就会采取任何可能的方法来改变这种不一致的认知并运用许多无意识策略来消除它。通常来说，认知不一致带来的紧张感会让人们或者改变他们的信念和态度，或者通过以下过程改变他们的行为：

1. **回避**——人们会回避容易导致不一致的信息。
2. **扭曲**——人们会删除、扭曲事实以及信念来减少不一致。
3. **确定**——人们会被确定或者支持他们认知的信息吸引，或者选择性地偏向这些信息。
4. **安慰**——人们会从其他人那里寻找安慰，证明他们的认知和信念是正确的。
5. **再评估**——人们会改变现有的或者新的信息、事实、认知的重要度来降低认知不一致的程度。

理解和追踪这个过程是自我觉察的重要组成。认知不一致经常会导致人们否认现实或者消除、扭曲他们的认知以及观点，实际上大可不必这样。当你意识到你的脑不喜欢不匹配的观点、想法或者信念，你可以注意什么时候这种不一致开始发生并接纳它是一种自然的反应。你可以将它视为一个从你的心脑或者腹脑发出的有效信号，提醒你内部世界的不匹配。

　　将认知不一致作为一种意识工具本身就是一种认知方法，通过其支持，让你的无意识脑不需要自动地删除或者扭曲这种不匹配的认知。这个过程允许你对如何创造你的认知世界获得选择和控制权——这个世界指的是你的信念、价值观、观点以及身份。通过这种方法，你可以将认知不一致作为一个工具来主动地调整你的想法、价值观和行为。

　　认知不一致同样与决策过程相关。研究发现，在做一个决策或者形成一种信念时需要花费的时间和精力越多（如果存在不一致的证据），那么可能的潜在不一致就越大。结果越重要，你的无意识脑就越可能采取上述的不一致的移除策略。例如，如果你购买一个低成本的东西，你不大可能会体验到购物的懊悔。然而，对于一件你花费了很多时间来评估的很贵重的东西，你就很可能体会到购物者的懊悔并因此更可能在购物后寻求确认和安慰。意识到这些自然的与生俱来的过程，能够让你在选择时做出更明智的应对。

平静的智慧

　　"智者总是平和的。"

——阿拉伯谚语

　　1974年在英国剑桥，一场令人瞩目的社会实验正在进行。在一座横跨卡普兰诺峡谷的吊桥中间，站立着一个美丽的年轻女子，这个吊桥垂下去很长，看起来非常可怕。当男人们经过吊桥，在河床230英尺的上方，女子拦住他们并问他们是否愿意填一张问卷。当他们在风中晃动摇摆的桥上完成了问卷之后，她给他们看了一张蒙脸的女子的照片，并让他们根据图片来编一个故事。然后她撕下一张纸，将自己的电话号码写在上面，告诉他们这个实验的未知主题，即他们可以在当晚打电话给她，如果他们想要进一步讨论这个调查的话。

通过这个奇怪的、不寻常的心理实验，研究者唐纳德·达顿博士以及亚瑟·阿隆博士想要了解焦虑以及兴奋对情感吸引的错误认同的影响。为了对比惊险吊桥上的结果，他们复制了这个实验，这一次是在一座宽阔、平稳，距地面只有几英尺的桥上。他们的发现是：在总计 85 名受试者中，在惊险的吊桥上，50% 的男人给这位女士打了电话，而在安全的桥上，这个数字只有 12%；对男士们编的背景故事的分析发现，惊险的吊桥上的男士编的故事带有与性相关的主题的概率是另一组的 2 倍。

那么发生了什么？为什么在惊险的吊桥上，男人会变得愿意调情、对性感兴趣并想要给女人打电话，而在安全的桥上并不这样呢？这与三脑统合技术以及智慧又是如何关联的？

要了解这些，你需要考虑自主神经系统兴奋以及交感自动神经系统兴奋让你的头脑、心脑和腹脑进入一种交感神经主导的状态。通过这种激发以及兴奋的状态，交感状态的核心能力更有可能同时到达。所以，危险吊桥带来的唤醒、焦虑以及兴奋导致了无意识连接到吸引的感觉体验以及对女性访问者的性兴奋。

从三脑统合技术的角度，这意味着当你解构从你的三脑传递过来的信息时，你需要觉察你自主神经系统的状态。当你在决策或者得到直觉提示之前，将自主神经系统带回到平静、和谐一致以及安宁的状态，将使智慧最大可能生发。否则，会有困扰你的各脑的信息和连通的风险。通过运用平衡呼吸以及通过至高呈现协调一致你的脑，你可以生发一种平静的智慧，一种不被兴奋或者抑制的自主神经系统状态扭曲的智慧。

状态管理及自我控制

你对自己状态管理和控制的能力,对于你的成功、幸福以及你在这个世界上能够智慧地采取行动至关重要。在心理学界,有一个非常著名的系列实验称为"斯坦福棉花糖研究",在这个实验中,学龄前的儿童被要求在一个能够立即得到的小的好吃的以及一个需要等待的大的好吃的之间进行选择。沃尔特·米歇尔教授以及他的同事们发现,一个孩子自我控制等待棉花糖的秒数,预示了其未来的学业分数、青春期的情绪处理能力、幸福水平以及在压力下放松的能力等各个方面的情况。

无数的纵向研究发现,幼儿时期的自我控制预示着成年后的一系列结果,包括预期寿命、职业成功、教育水平。在成年时期,自我控制的能力能够有效降低人际拒绝带来的负面影响。总之,延迟满足以及有意识控制情绪和思想能够预知并支持很多正向结果的发生。

研究同时还发现,头脑中的前扣带皮层(我们在第三章以及第四章中详细描述过)重点参与了自我控制。头脑的这个区域与心脑和腹脑固有地联系在一起,给所有三脑提供了一个连接点。前扣带皮层参与自我控制的证据也支持了我们的行为研究结果,即自我控制需要所有三脑的协调一致以及指引。

在我们的行为建模工作中,我们发现有三个关键技能支持自我觉察以及自我控制,它们是:

- 安住的能力
- 宽恕的能力
- 正念的能力

在接下来的部分,我们会详细探索这些方面。

安住

"如果我们能够一整天的时间都保持平静安宁,就不会再体会到任何问题或者心理上的痛苦。"

——格西·格桑·葛亚锁

平静对待生活起伏的能力决定了当事情没有按照你的要求发生时，你生活得心灵安宁还是悲惨痛苦。就像佛教徒所说，世事无常，没有什么是永恒的。所以你肯定会经历一些时刻，你所热爱珍视的东西破碎了、死了，或者消失了。你可以徒然无益地伤心，或者可以学习在你的心、头和腹中平和地安住。

那么安住的架构是什么呢？注意"安住"这个词本身带有的神经语言学。平静既是心脑也是腹脑的术语。心会狂跳，通常在有压力时以及交感兴奋的时候会这样。另外，它也可以在平衡和和谐一致的时候和缓、均匀地跳动。腹同样能够平静并流动或者骚动且烦乱。所以要安住，你需要静下你的心，平缓你的腹，安住、放下并允许生活挑战的冲击涤荡你，认识到所有的事情都会改变，认识到"这也会过去"。

安住的方法就是将平静通过平衡呼吸吸入你的心，移动到你的头，然后再回到心，进入腹。这是一个如此简单的过程，特别能自我安抚。在愤怒、失望、感情痛苦或者烦乱的时候，运用这种安住呼吸技巧非常有用而且会有创造性的反应。一旦你将自己带入一种积极、平静的和谐一致状态中，你就能够增加一种让你的体验更甜美的额外要素，这在下一个部分会介绍。

鼓舞你的心，平缓你的腹：在喜乐中，在自己的生命里

爱克哈特·托里在他的书《当下的力量》中描述了全然处于当下的重要性，以及聚焦在当下时刻心灵感受的喜乐力量。他描写了我们是如此经常地迷失在习惯性的等待过程中，在银行排队等待、在邮局、在超市、在堵车、等待下一个假日或休息、等待事情开始、等待结束、等待成功、等

待金钱、等待幸福。爱克哈特提醒我们，当你将精力集中在此刻，集中在你存在的喜乐上，你会真正乐享其中，真实地"在喜乐中，在自己的生命里"，你所需要的只不过是将精力集中在感恩当下，与自我连接并创造性地乐享爱和安宁的感觉。

在这个安住过程的提升版本中，你会学习显著感受到"在喜乐中，在自己的生命里"。运用这个技巧，你将无忧无虑的喜乐吸入你的心，通过呼吸上行到头，然后将平和安宁从你的头吸入你的心并随着呼气深深地下行到腹。这是一个强大的技巧，随着练习越来越强大，越来越有影响力。这也是一种令人愉快的简单的方法，能够控制你的状态并将其转换到一种允许你表达更智慧、更有创造力的方式。

发现练习：安住"在喜乐中，在自己的生命里"

在这个练习中，你会在内心、头脑和腹中建立一种深深的平静、安宁、喜乐的状态。

1. 当你感到有压力或者需要提升或安抚自己时，花几分钟的时间坐下来开始平衡呼吸。平静均匀地吸入呼出，用大约6秒的时间吸气，6秒的时间呼气。如你所知，确保你的吸气和呼气用的时间一致。

2. 当你吸气时，想象每一次呼吸都以轻快的欢乐鼓舞了你的心。切实感受到这种令人鼓舞的感觉。这样做时保持微笑，微笑可带来根本的不同。深深地感受你的心随着呼吸被鼓舞。你可以想象一种色彩或者亮光用令人鼓舞的正能量和爱充满了你的心。你可以带着这些光、色彩以及感觉，体会它们从你的心脏流动到头部，将欢乐、愉悦、令人鼓舞的感受和信息从你的心带到头。

3. 当你呼气时，想象你的呼吸从头/心下行到腹，带着平静的感受和信息。切实感受那种放手、放松、平静以及充满安宁的喜乐感觉充满你的腹部。给这种感觉加一点光或者颜色能够深深地提升你腹部平和、喜乐、满足的感受。

4. 吸入"于你心中喜乐里的令人鼓舞",呼出"于你腹中喜乐里的深深的平静"。持续地这样做,当你微笑的时候,从头到腹咽下平和喜乐,感受那种从根本上达到协调一致、安宁地统合在一起、喜乐的平和。

宽恕

"宽恕是你能为自己做的最有力量的事情。如果你学不会宽恕,你会忘记如何在生活中获得真正的成功。"

——维尼·戴亚

宽恕是一种强大的情绪。宽恕的时候,身体会大量地分泌具有安抚和疗愈作用的神经荷尔蒙并在体内流动,而且身体还会激发出正向的情绪以及积极的状态。宽恕的智慧在几乎所有的灵性传承中都凸显出其地位和作用。近期,很多科学领域的研究也证明了宽恕练习的重要性。例如,不论是佛教哲学还是积极心理学的研究都发现,共情、宽恕以及有爱的友善都是通往幸福的关键要素。

积极心理学的研究证实,宽恕的人比起那些对仇恨念念不忘的人更加健康、快乐。在斯坦福大学的一项试验中,与对照组比起来,练习宽恕的实验者更少出现背疼、头疼、肌肉疼、胃部不适以及其他常见的压力下的身体信号。

反过来也是正确的。将精力集中在愤怒、不公平上,感觉自己受到不公平待遇的人,罹患心脏病的风险更高。英国伦敦大学一项 8000 人的研究发现,那些具有根深蒂固的不公平感觉的人罹患心脏病的概率大于 55%。研究者发现,将精力聚集在不公平上会产生负面的情绪,从而导致身体的生理变化。愤怒、怨恨以及报复都是交感主导的心的核心能力,会给你的心脏、健康和生活带来不可估量的损害。

无法或者不愿去宽恕常常与持续的回味、停留在报复的状态中相联系，然而宽恕却允许你继续前行。当你愤怒、怨恨以及愤懑时，你真的只是伤害到了你自己。所以，宽恕对你的身心健康非常重要。有证据表明，练习宽恕是过上幸福、满足和智慧生活的一项重要的日常活动。

统合宽恕

"宽恕不是一种情绪，它是一个决定。"

——兰道·沃利

大多数人只在两个层次上进行宽恕，即以逻辑为基础的头脑层面以及心脑层面，但这是不充分的并且会带来持续的问题。为了真正"放下"并"前行"，你需要下决心全然地深深地在三个层次上宽恕：理智上、情感上以及身体（腹）上。注意上面这句话的神经语言学的特征。"为了真正'放下'并'前行'……"这些都是能动的，表明了腹脑对这个过程的参与。当你的腹脑对这件事情抓住不放，并且在核心身份认同的层面上维护着它，你就永远不会"放下"。用一句俗语来说，就是"你会继续在你认为不公正的事情上给自己屎吃"。

通过应用三脑统合技术基础顺序，使用至高呈现的方法，你可以将疗愈和宽恕在三脑之间协调一致。通过共情、创造力以及勇气，你可以真正地放下任何伤害并前行。这就是完美的宽恕的具体作为，不公正不再有任何力量作用于你，实际上你已不再将其体验为不公正了。

放下

我们都会犯错误。没有任何一个人是完美的！实际上，"完美"在这个世界上并不存在，它是理想化的。从物理上，我们知道我们生活在一个"熵的宇宙"。它是说我们做的每一件事情最终都会在宇宙中制造更多的熵或者混乱。即使是对秩序的创造实际上也会制造更多的混乱。例如，空调将房间内的空气冷却，因此减少了空气的熵（混乱）。然而，维持空调运行而产生的热量对整体环境的熵值贡献要高于制造出的冷却空气的熵值减少。所以就空调的运行来说，宇宙中整体熵值是增加的。

所以，永远不可能有什么事情是完美的。万事万物都处于不断变化的状态，任何事物都不是永恒的，这才是我们所居住的熵的宇宙的自然属性。试图达到完美，为你或者你周围的人不能达到某种理想状态而抱怨、失望或愤怒，既愚蠢又适得其反。

是时候让愤怒、悔恨、埋怨和指控成为过去了。当你将共情、关爱以及宽恕的至高呈现应用在你自己身上，放下负面的情绪，信任自己、支持自己、宽恕自己，你就值得爱和友善，从而平静地适应生活中的跌宕起伏。没有什么事是完美的，也没有完美的人，我们都一直在学习并试图在这个美好但不完美的世界上发现自己的路。所以，放松，想象"安住"的状态，现在就开始放下过去困扰你的害怕、愤怒或者责备。

放下的勇气

有些人认为宽恕是懦弱的标志，而研究者会告诉你宽恕绝对是优势的体现。选择去实践宽恕并放下需要巨大的勇气和坚强的意志，特别在面对愤怒和痛苦的时候。

看看肯·马斯洛的例子。1994年，肯的小儿子迈克尔在他工作的必胜客餐厅遭遇一次未遂的抢劫而毫无防备地被残暴杀害。凶手被关进了监狱，但是肯仍然因为失去儿子而被击垮。更不用说，他非常愤怒、痛苦。他要求恢复死刑，并且极度愤怒地要求对这些抢劫犯立即执行。

后来肯意识到这样做与杀害他儿子的事情差不多。所以，让人大为吃惊的是，他深挖自我，不顾个人强烈的感受，认识到报复并不是答案，他取消了对罪犯的紧追不舍，取而代之的是对他的愤怒和仇恨采取一些积极的措施。这做起来并不简单，需要肯处在与他的心、腹、头三脑的至高呈现连接中来克服他的反应。尽管没有人会责备肯，即使他仍然对造成他儿子死亡的罪犯持愤怒和仇恨的态度，但是现在肯鼓舞了成千上万的人，鼓励他们看到当三脑合一，表达出我们真正是谁的至高感时，可能会发生什么。

肯发起成立了反暴力组织"够了就是够了"以及"迈克尔·马斯洛和平基金会"，同时致力减少他所在的社区的暴力行为。如果肯只是嘴上说说支持反暴力，没有人会责难他什么。实际上，他是"践行你所说"行动的榜样。肯最终与杀害他儿子的凶手面对面会晤了。肯不仅在那人服刑期间辅导他，还在他出狱后帮他找了一份工作。为了减少社会上的暴力，肯知道他必须从自己做起。这需要他持续投入巨大的勇气和力量来放下愤怒和痛苦，转而拥抱生命，对发生的悲剧采取不同的积极方式面对。因为他的明智选择以及巨大勇气，他创立了一个伟大的组织来持续做出有影响力的改变。（更多关于肯以及"够了就是够了"的信息，请访问www.enoughisenough.org.qu。）

宽恕是对你自己的给予

"仇恨伤害最多的是那些有仇恨的人。我为什么要持续地憎恨自己呢？"

——肯·马斯洛

宽恕并不意味着纵容错误的行为，谅解盲目轻率，或者强迫自己与侵犯者和解。宽恕与纵容不同。宽恕是为你自己而做，是来疗愈支持你自己的。它是你给予自己的幸福平和的礼物，它是放下愤怒和仇恨，从痛苦的情绪阴影中走出来，将自己从负面的伤害或者愤怒的感受中解放出来。

积极心理学的研究发现，无法或者不愿宽恕与在仇恨中纠缠或者反复咀嚼仇恨密切相关，而宽恕能够允许你继续前行。当你愤怒、怨恨以及痛苦时，你只是在伤害自己。所以，宽恕对你的身心健康非常重要。

另一个需要注意的重要问题是宽恕的内在体验和宽恕的公开表达之间的区别。并不需要同时做到两者才能获得宽恕带来的健康和幸福。以柔软悲悯的心练习"沉默"地宽恕对方就足够了，当侵犯者没有挣得或者并不应该得到宽恕时这样做会有用。

请记住，宽恕是疗愈自我并放下负面的反应和包袱。当侵犯者道歉并做出补偿时，一个公开的宽恕表达会更合适并对建立更良好的健康关系有所帮助。这由你自己决定，即什么对你的幸福最合适。

疗愈心、腹、头

一个练习宽恕的有效方法是将你的心集中在宽恕上，并在你的心中保持住这些宽恕的感觉，然后把这些感觉扩展到头和腹。你的心脑会从经验以及练习中学习到，所以通过在心中专注于宽恕的感受并保持住这些感受，你可以逐步舒缓地增进宽恕的能力。当你心中的宽恕能力变得越来越强大时，你就能够将这种能力带到你的头脑中并深入你的腹脑。这是一个重要的过程，它允许你生活得更智慧、更健康、更幸福，让你的心中、生活里充满喜悦。

怎样来宽恕？

如上述，从在心中生出并保持住宽恕和爱的感受开始，然后把这些感受应用到你觉得需要宽恕的情境中去。开始时，你想象一个回忆或者经历，它让你的心充满友善、共情和宽恕，然后你将这种感受从心扩展到头，再回到心，然后向下到达腹。这会让你的心脑向你的头脑和腹脑传递重要的信号。这让你在深层的、全面的宽恕中达到三脑合一的状态。在接下来的练习中，你会被引导着完成一个过程，这个过程引导着你的多个脑进行宽恕，让你放下旧伤、怨恨以及驻留的愤怒，代之以深层的内在安宁。

发现练习：深层的内在宽恕

在练习宽恕时，如果你处于一种过度交感或者过度副交感的状态，你就不能轻易地达到友善以及宽恕的高度和谐一致状态。意识到这一点是非常重要的。你必须先让自己进入一种和谐一致的状态，创造纯净的爱和宽恕的状态，然后将此应用到你想要宽恕的人或者事物上。

1. 确认你想对何人何事宽恕。

2. 舒服地坐好，做几分钟平衡呼吸。

3. 现在将所有"不宽恕"（例如愤怒、怨恨、伤害、被冒犯、暴力、背叛等）的感受都放在一边。不管发生了什么，不管你的内在对话如何，将精力集中在你的平衡呼吸上。创建一种清晰的思想和情绪的"空间"，以一种纯净的状态来靠近宽恕的感觉，此时只是一种纯净的状态，还没有关联到对任何人的记忆。

4. 随着每一次呼吸，在你的心中生发出纯粹的宽恕以及爱的感觉并保持住这些感觉。当你吸入呼出时，将这种感觉随着每一次呼吸放大，感受它们，扩展并让它们增强，直到你的整个胸腔、整个躯干、整个身体都被这种深深的感觉所充满。确信你将它们从你的心扩展到你的头，然后回到心，再通过心下行到你的腹，深深地进入你的躯干和肠胃。这会让你的心脑发送重要的信息给头脑和腹脑。这会让你的三脑围绕这深深的、全然的宽恕而协调一致。继续扩展这些纯粹的宽恕和爱的感觉，直到它们充满你的整个身体以及存在的状态。

5. 现在开始想象你想要宽恕的人和事。保持呼吸，当你想到要宽恕的人和事的时候，将你的心、腹、头中的宽恕和共情的感觉放大。将宽恕和共情吸入你的头脑，注意你的思想和看法的改变与转化。当从共情、爱以及慷慨的角度来理解这个人或者这种情境时，注意你自己对这些新的视角的开放。

6. 将这些新的理解以及新的意识吸入你的心脏，珍视这些新的视角。

观察宽恕如何感觉良好，以及如何给你带来更多的安宁和幸福。意识到你的心如何打开并亮堂起来。

7. 现在将这些完善了的且极有价值的感觉以及看法随着吸气吸入你的腹中。如果有帮助，可以将其咽下。感受你的腹脑吸收并消化了这些新的观点。感受到你的腹脑放松并放下所有的与防范、保护或者侵犯相关的紧张感。感受你的腹脑如何欢迎并回应这种放松、平和、安全的感觉。当你的腹放下旧有的存在方式时，感受它，感受你自己变得更加愿意迈步向前。感受放下过去的"包袱"如何让你感觉更轻松、更自由，更容易聚焦在现在，聚焦在往前走。体会你的腹升级所习得的回应方式的感觉，放下那些已经不再有用的东西，鼓舞自己按照一种新的更自由的身份来行动。

8. 如果你在这个过程的任何时候体会到任何神经统合阻滞，运用第六章的技巧来化解这些阻滞，然后回到第4步来重新做这个练习，直到你能够体会到深层统合的宽恕。

9. 告诉你自己：

  我宽恕，我来宽恕，我感受宽恕，我在宽恕，我完全宽恕_____（你要宽恕的人或者事）。我放下所有对我没有帮助、没有表达最真实本我的无用的感觉和故事。我完全宽恕我自己。我是一个有价值的人，值得拥有爱、慈悲以及支持。我放下并且现在准备好在我的人生路上继续前行。

用温暖、充满爱的语调重复说几遍这些话。用身体也用想象拥抱你自己。同时持续将爱和宽恕吸入你的心、头和腹中。

你可能想要重复这个过程2～3遍。每一次练习宽恕和共情，你都会发现它变得更强大、更容易，也与你发展着的本我感更能统合在一起。你的心脑和腹脑会学习并且记忆如何更简单、更迅速地做这个重复过程，应用到任何你需要或者想要宽恕的人或者事情上。

正念

根据古代的佛教典籍，练习正念能够帮助你理解并生成智慧。正念包括将你的注意力完全放在当下，没有评判地将所有升起的想法、感觉或者感受都全然地按它本来的样子接纳和承认。正念允许你活在当下并引导你对每一个当下都保持感恩。

正念技术来源于佛教传统，作为一种对许多身心疾病（像焦虑、抑郁、冲动行为、慢性疼痛以及压力等）的辅助治疗方法，越来越多地被应用在现代心理学中。研究发现，短短2个月的正念练习就会给大脑功能和免疫反应带来积极的改变。

从三脑统合技术的角度看，正念（Mindfulness）包含了"心智完整（Mind-full-ness）"。这就是说，让你所有的脑中的信息、感觉和感受处于心智完整的状态。三脑一起合作来制造"心智"的生发过程，所以全然的正念意味着每时每刻将意识带到三脑的当下状态。

正念的反面，从三脑统合技术的角度看，是一种茫然的状态，是指忽视从你的三脑发送的讯息或者信号。在我们现代社会中，大多数人对他们的心脑和腹脑都是相对没有意识的。我们都倾向于关注并且提升基于头脑的体验和想法，但是这会让我们的生命以及世界失去平衡。正念意味着将被平衡、被统合的觉察以及注意力带回到所有这三脑。

就像我们本书一直指出的，特别是在这一章，许多我们的认知和智慧都得到了体现。我们的世界中，很大而且很重要的一部分都是通过我们心脑和腹脑来完成的。通过练习三脑正念，我们能够发自内心地全然体会到我们各神经网络及发生在它们之间的感觉、感受以及想法的暂时的、飞逝的、变动的本性。佛教教义和现代科学研究告诉我们，当我们实践正念时，更多的有创造性的解决方法会自动出现并且带来更伟大的智慧。用三脑的方式，我们就会放大通过正念技术产生的创造力和有生机的智慧。

发现练习：三脑正念冥想

在这个练习中，你会学习到平静地指导你的注意力，注意到你的思想中、身体上以及你的三脑中正在发生的事情。

1. 从一个舒适的坐姿开始。这是一个令人打开眼界的练习，最好在一种相对安静的环境下进行。坐好，让身体挺直而不僵硬。让你的脊柱轻柔地直立，让你的头脑保持平静，你的双脚在地板上平直放好，双手舒适地放在膝部。让你的眼神轻柔地集中在前方地板上某个位置。

2. 开始按照正弦波模式平衡呼吸，吸气6秒，呼气6秒，均匀地，毫不费力地。这样持续几分钟，直到你能够感受到包裹你的心脑、头脑和腹脑的和谐一致的感觉。

3. 放下所有过去、未来的想法并开始聚焦在当下。让你的注意力放在平衡呼吸上，观察空气流入流出你的肺，感觉你的腹部以及横膈膜的升起落下。将注意力放在每一次的呼吸上。允许自己保持自然的呼吸，不需要控制。

4. 开始观察体验任何升起的想法、感觉或者感受。注意它们在你的身体内是如何开始、如何移动的。它们来自并存在于你的心里吗？它们来自并存在于你的腹部吗？它们是基于头脑的吗？不要忽视任何的想法或者感觉，也不要压制它们。只是单纯地观察它们，在你进行平衡一致呼吸的时候保持平静。

5. 你做这个练习的目标是活在当下，获得现实的体察。你的目的是保持正念，对发生在你的意识、身体以及各脑的一切保持觉察。只是坐在那里，呼吸并观察你正在发生的内在体验。欢迎所有的一切。没有什么被忽视，也没有任何事被分析。只是观察在你的意识和身体里流淌的想法、感觉以及信息。

6. 这个练习没有失败。如果你意识到你的注意力飘走了，那么就温柔地、平和地把它拉回到你的呼吸上。如果你发现你自己迷失在散漫的想法、困惑或者分析中，只需平静地将你的注意力拉回到你的呼吸上。这种观察本身也是正念的一部分。你要扮演的角色就是做一个中立的观察者。

7. 进行大约 10 分钟后，将共情吸入你的心，移动到你的脑，在那里加入创造力，然后再将二者经过你的心脏吸入腹，给你的体验增加勇气，然后结束这个练习。通过几次这样经由你的心、头、腹的至高呈现的呼吸，增强其带来的美妙的创造性的体验。最后，站起来，缓慢地、轻柔地拉伸，感受到有活力、精力充沛、焕然一新。

正念冥想的目的是达到一种觉察、稳定和平静的心智状态。通过正念练习，你强化并发展了安宁、平静以及内生智慧等能力以及这些能力所需要的神经循环。你练习得越多，结果就会越好。即使一天练习 10 分钟，也会给你的脑带来很大的不同，使它们平静地统合并一起交流感应，从而产生有生机的觉知带。

勇气、动力和毅力

几乎所有人都经历过一些缺少勇气采取行动的时刻。不管是有共情心的关怀还是很棒的创意点子，除非你用一种有干劲的行动表达出来，否则你将会陷入非真实的或者不持续的改变。

如同我们在上一章讨论过的，身体层面的勇气和道义上的勇气有泾渭分明的区别。勇气和决心是推开恐惧和不确定性的非常重要的、有用的技能，但只有身体层面的勇气往往会派生出一些麻烦和危险。道义上的勇气来自内心深处，是由深层的、由衷的、有生机的价值驱动的。为了获得真正的智慧，你需要引导、连接并协调勇气、共情以及创造力。

关于勇气和动力，一个很重要的方面是面对逆境仍然不断地推进，保持旺盛动力的韧性。在积极心理学领域，这种能力被称为"毅力"并被广泛地研究。该领域的核心研究者安吉拉·达科沃斯博士这样定义它："毅力是面对挑战仍奋力工作，尽管连年失败、停滞不前仍保持动力和兴趣的能力。有毅力的人会把通往胜利的路看作一场马拉松,他的优势在于持久性。当一些失望或者厌倦的信号被他人解读为改变路线或者放弃损失时,有毅力的人仍岿然不动。"

无数的研究发现,毅力对于生活中的成功贡献巨大。显示出高毅力水平的学生会比同龄人取得更高的成绩,它的影响远远盖过了智商和做事认真之上。拥有较高毅力的个体获得更高的学历并且在工作场所更容易成功,而且与那些毅力水平较低的人相比,他们的职业变化更少。

在我们的行为建模工作中,我们发现,韧性和坚持通常体验为腹部所感受到的对梦想的渴求。这种深层的渴求只有在目标达成时才会得到满足,因此,它们能够作为一种持续不断的动力发挥作用,即使遇到挫折和困境时依旧如此。

发现练习:渴望成功

在这个练习中,你会在腹中建立一种出自内在深处的饥渴感,它是对有强烈心灵触动的目标或者成果的渴求。这个练习旨在建立强烈的动力,一种深切的鼓舞和激情以及对成功的和谐一致的渴望。(备注:不要在饭后马上做这个练习,最好当你身体上感到很饥饿时做。)

1. 想象一个你想要达到的成果、目标或者梦想。请确认它是有形的、可达到的以及你生活中真实存在的,而且它必须自我启动并能在你的可控范围内。同时必须有特定的步骤或者任务使你能够立即启动,以便让你在一个相对方便的时间框架中迈向你的目标。

2. 平衡呼吸几分钟,直到你进入一种深度的、和谐一致的平衡状态。

3. 开始与支撑你实现成果的价值观和意图相连接,并在心中深深地感受到这些价值和意图。将你对成果的激情和渴望吸入你的心。将这些感觉在你的整个胸腔扩展开并在吸气时将它们向上吸入你的头脑,然后再下行回到你的腹。加进去颜色、闪光、声音、图像等,从而加强你对成果以及它们所连接的价值观的体验。

4. 当你将你的价值观、渴望以及对结果的充满激情的感觉吸入你的腹时，开始感觉一种对你的成果真实而在增长着的渴望。想象你几乎可以品尝到这个成果，而且它味道很好。品尝它，垂涎于它，强烈地渴求它！在你的腹中对这个成果建立一种难以置信的味觉和饥渴感，并且通过你的呼吸将其循环，将心感受到的对成果的激情和渴求，向下传递到腹中。强烈地感受这种要行动的激发感，这种现在就要将目标变成现实的动力。

5. 一旦你在腹和心之间循环过许多次后，开始加入一些你头脑的创造力。将这种对成果的感受向上移到你的头部，聚焦在允许上，允许你的无意识脑生发出有创意的方法，来帮助你聚焦在目标和方法上，快速而有力地达到你所强烈渴求的成果。

6. 随着每一次你的头脑产生的选择，循环步骤 4 和 5，感受到自己越来越兴奋、越来越被激发去马上采取行动。

心引领的勇气

在我们的建模工作中，通过对一些非常勇敢的个体研究，我们发现，他们在激发、支持和产生勇气方面有非常显著的不同。这些有勇气的个体谈到了强烈地关注心能感受到的价值观对于帮助克服恐惧的重要性。他们还描述了恐惧如何在肠的前部被感受到，而勇气则是一种来自肠后部的、帮助"穿越恐惧"的推动力。

很有意思的是，在子宫的发育中，胚胎的腹脑被分布在前肠的来自神经嵴的躯干部分的细胞所支配，而后脐肠和尾肠则受来自神经嵴骶部的细胞控制。这或许可以解释腹脑的一部分如何推动勇气穿越肠前部发生的恐惧反应。

威尔·斯库里在他的深具启发意义的书《一次朝圣——一个关于火灾时的勇气故事》中，描述了他是如何救出超过 1000 条生命的。那是 1997

年 5 月，在塞拉利昂，一个被军事政变推入混乱的非洲国家，叛军狂暴地强奸、抢劫、杀害无辜的市民。在这种极度混乱的风暴中，一群人成为妈咪洋子旅馆的难民，其中包括威尔·斯库里，一个为了保护勘探金矿的物理学家而在这个国家工作的前特种兵。当旅馆受到攻击时，斯库里单枪匹马击退了两百多名叛军，最终将人质从险境中救出。

斯库里说："我很看不起自己……肾上腺激素和胃部的紧张感让我非常难受。随着身边的每一次枪响，我害怕得屁股一阵阵痉挛似的收紧。这就是危机……我恨它，我听到自己在一遍又一遍地大声祈祷。这是恐怖袭击，简单而纯粹。这种感觉一波又一波地袭来，但是我的思想异常清晰。我蜷缩起来，与肚子深处升起的每一次恐慌做斗争。我告诉自己必须挺住。我有事要做，下面这个旅馆中所有的人都靠我呢。理性是非常清晰的。我必须要做我应该做的。我不能，也不会待在原地。我抓住叛军火力一次稍稍的停顿……突然，我滚回到消防水龙的前面，把枪扛在肩上，发现一个隐藏在树后洞中的目标并射击。没有丝毫等待，我又滚出他们的视线，匍匐到前面的一个消防栓，重复刚才的动作。"最终，斯库里击退了叛军的袭击并救出了困在旅馆里的人们。

请留意斯库里用到的策略：他运用了头脑和心脑，通过心脑对袭击者的痛恨和愤怒情绪，他强烈地渴望去帮助他人，加上需要做什么的理性判断，来克服腹脑传递的恐惧反应。他采取行动的勇气由心引领的驱动力激发，让他克服了恐慌和害怕，展示出惊人的英雄行为。

这是由我们在建模研究中的一次次发现所验证的。对于不公平的愤怒经常用来激发行动，克服恐惧。基于心的强烈情绪帮助克服负面的腹部反应。我们还发现，在极度恐惧的时刻，发出喉音和尖叫能够让我们将注意力集中在"推开恐惧"上。武术家了解这一点，大多数习武者会被训练通过使用喉音，将力量、精力以及意志力集中在肠或者腹部神经的中心，日本人称之为"哈拉 hara"。

发现练习：穿越恐惧

在这个练习中，你会练习创造性地运用你的头和心来激发你的腹去穿越腹部感受到的恐惧。当然，最好提前在一种安全舒适的环境下练习，你练习得越多，那么当你需要克服恐惧的时候这个过程就越可能派上用场。

重要提示：这个练习不能被用在恐惧症患者或者其他严重的心理或者情绪疾病患者身上。这种情况需要专业的指导。这个练习同样不适用于慢性焦虑。它主要针对正常的和对情境的突发恐惧，这时采取行动是一种合适的反应。

1. 想象一件事情或一个场景，你感到害怕，这种害怕让你无法采取合适必要的行动，你需要克服它。开始生动地回忆或想象这件事情或这个场景，让自己感受到与害怕相关的感觉。

2. 在这种情境下，非常重要的是你需要立即开始平衡呼吸来控制你的自主平衡。你会发现在充满恐惧的情境下，你的呼吸不可能平衡，所以有意识地去控制非常重要。平衡呼吸几分钟，直到你进入一种平衡一致的状态。

3. 下一步从你的头部开始。观察出现在你的腹部及躯体的恐惧感，与自己对话并标示出这些感觉。开始意识到你的真实身份如何、在你的本我的至高呈现中你是谁，这些与那些恐惧的感觉是分离开的。注意有一个"你"能够实际上观察它们，同时注意你本身如何比这些恐惧的感觉更大更好。告诉自己在这种情境下你想要什么、必须要做什么，这真实地代表了在内心最深处什么对你重要，你觉得自己真正是什么样的人。

4. 平衡地呼吸，将你对自我的理想概念以及真实定义你自己的价值观吸入，从你的头到你的心。感受它们如此强烈地、深深地存在你的心中。点亮它们。加入你最深切、最真实的本我感的颜色。在你的心中扩展它们。随着每一次呼吸放大它们。当你吸入心里时，告诉自己什么是你必须做的，什么是不能不做的。将这种真实的感觉深深地连接到你的心里。

5. 当你准备好的时候，深吸一口气，将这种深深的信念带到你的肠后部,努力地吞下去。将你的信念和决心放大到你的肠。真切地感受它重重的一击。从你的后背下部及骨盆处开始,挺直你的整个脊柱。真切地感受你的勇气、决心强力地嵌入。当它触及你的肠的后部时,发出一声深深的喉音并继续前行,实际上是往前走。快速地咕噜、咆哮或者大声喊出来,就像一个有功力的武术家开始行动。当你发出这些声音的时候,让身体动起来,穿越这些恐惧。推动你最高本我的真实具化的行动。你可以做到!你不能不做!你非常强大、无畏,充满了勇气。

6. 让你新发现的勇气强力而充沛地充盈你,不管恐惧的感觉如何,现在就采取行动!

通过自主引导来克服恐惧

"智慧不可能与恐惧同在。"

——拉克坦提乌斯

回溯到 20 世纪 70 年代早期,一个非常有趣的心理治疗研究发现,自主神经系统可以被引导来制造惊人的结果。1973 年,研究者雪莉·布莱恩特和莱斯利·所罗门运用饥饿和供给食物来帮助治疗电梯恐惧症。他们让患者自愿地一整天搬运吃的喝的东西,直到得到他们喜爱的餐食,并在电梯中吃掉。

如同在他们公开发表的文章中所提到的,B.M 先生,一位 32 岁的商人,罹患电梯恐惧症 5 年了,他将自己的病归因于在 2 个星期的时间内两次被困在电梯。从此以后,他宁愿爬 16 层楼也不愿意搭乘电梯。每天他都数次爬 3 段楼梯到自己的办公室。在一个 0~4 分的量表中,针对"无法避免时所遭受的可怕恐慌",他给自己对电梯的恐惧打了 4 分。此外就没有其他明显的精神病理学证据了。

B.M 先生在治疗前 24 小时没有吃喝。度过这个难熬的时期后,患者被带到一部电梯里,在那里,他看到了自己最喜欢的食物摆在漂亮的桌子上。在接下来的35分钟里,他坐着吃自己的大餐,而电梯在上下运行。这个过程结束时,患者被鼓励去尽可能到不同的大楼乘坐自助电梯。B.M先生在此之后,第一次不回避乘坐电梯并报告称自己对电梯的恐惧变得很小了。在2年的观察期里,他的病情没有反复。

同样的方法可以用来治疗狗恐惧症。这个方法对动物的行为也能有效。在实验室里,通过首先剥夺其食物、然后在激发恐惧的情境下再奖励给它们食物,动物的恐惧习惯被有效消除。

从三脑统合技术的角度,我们知道恐惧是腹脑调节的反应。它是一个交感神经主导的进攻或者逃跑的过程。但是当你剥夺了这些人一段时间的食物后,就会让他们的腹脑强烈聚焦在一种自我保护的首要功能上。并且当你最终提供食物时,腹脑就进入一种强大的副交感模式。在这种模式下,恐惧的交感神经过程不能轻易得到支持。所以三脑学习到一种新的正向状态,会把原来的恐惧情境与这个新的正向状态关联起来。在上述的电梯恐惧症的例子中,电梯现在成为一个与食物和自我保护相联系的地方,不再是恐惧的物体。这就是三脑统合技术"自主抵消"原则的很好例证。

三脑统合技术原则:自主亲和、自主抵消以及自主状态依赖

第三章曾经提到,你的脑可以在交感或者副交感神经支配的自主状态下运作。每个脑的核心能力被自主状态所分类并控制。因此,当你的脑处于一种交感神经主导的状态时,你不能轻易地获得或者激发副交感的一些能力,反之亦然。第三章中的玛丽就是一个很好的例子,当她处于心碎的悲伤状态时,她就不能获得价值观、梦想和目标。

这就是"自主状态依赖"的原则,你不能轻易地运作一种核心能力,除非这个神经网络处于一种支持它的状态。能力的发挥依赖于自主神经系统状态。

有一个更进一步的三脑统合技术原则，它来自自主状态依赖过程，就是你可以通过运用"自主抵消"来阻止核心能力。如果你想要阻止发生在某种特定三脑统合技术状态下的能力，就让脑进入对立的或者抵消的自主神经系统状态。例如，你不能同时表达极度兴奋和抑郁。在上述恐惧症的例子中，我们发现，满足了的饥饿与恐惧不能轻易地同时发生，一个抵消了另一个。

另外，如果你想要支持某种特定的能力，那么你可以引导你的脑进入一种核心能力，这种核心能力与你想要的自主神经系统状态相应一致。这就是三脑统合技术的"自主亲和"原则。共情、爱和喜悦支持激情、梦想和价值观这些能力，如果你已经进入一种幸福或者安宁的状态，就更容易体会到欢乐。

决策和问题解决

经典的决策理论假设，最佳的决策产生于纯粹的逻辑过程，任何情绪或者直觉都会对这个过程产生消极影响。神经科学已经证明这种经典的决策理论非常错误。越来越多的研究清楚地表明，决策过程主要是一个情绪过程。

首先，有许多文献表明，在合适的条件下，直觉能够与经典的决策方法一样表现良好，甚至优于它们。但是，需要告诫的一点是，准确的直觉决策需要该领域深厚的知识和经验。你不可能在完全不熟悉或知之甚少的领域做出智慧的直觉决策。

基于三脑统合技术原则，显而易见的是，决策和问题解决过程只是基于头脑的逻辑，远远不及运用三脑有效、智慧，这一点已经得到了神经科学教授安东尼·达马西奥研究的有力支持。达马西奥教授发现，如果将情绪排除在推理过程之外，单纯的逻辑会有很大的缺陷。在他的著作《笛卡尔的错误》中，达马西奥谈到了作为"躯体印记"的腹和心的感觉的重要性和有效性，认为它们是决策过程的核心能力。

达马西奥研究了脑部受伤的对象，包括伤害到特定的与情绪产生和处理相关的部分。在所有其他方面，这些人都是正常的，然而，他们完全失去了运用情绪的能力。他们的智商和记忆能力是完整的，他们可以有条理地描述决策需要的所有事实，但是他们决策和解决问题的能力实际上受到了非常严重的损害。他们严重地受困于"分析瘫痪"，对于诸如吃什么、到哪里吃饭、住在哪里以及何时见面等最简单的生活小问题都无法做出决策。

达马西奥的著作强调了做个人决策时躯体感觉的决定性角色。这些直觉信号通过心和腹的信息引导我们，所以倾听你的心和腹的反应（达马西奥称之为"躯体印记"），来帮助你快速拒绝负面的行动过程并且允许你从更少、更好的方案中做出选择。

三脑统合技术以及达马西奥的研究表明，高效的决策和问题解决需要致力于三脑的智能，让它们一起协作。这一点对真正睿智决策的重要性在著名的"所罗门智慧"的真实故事中已得到验证。

睿智的决定

《圣经》中的所罗门王，大卫国王的儿子，以拥有深刻而洞见性的智慧为人所知。他于公元前 967 年成为国家的统治者并将国土扩展到北至幼发拉底河，南达埃及的广大区域。一天，居住在同一所房子里的两个女人带着一个孩子找到他，都宣称孩子是自己的。她们争吵不休，让所罗门王判定谁是孩子的真正母亲。

经过一段时间的考虑，所罗门王让人将他最锋利的剑带过来，然后很聪明地提议说，解决问题的唯一办法就是将这个孩子一分为二，每个女人带走一半。听到这个残酷的判决，真正的妈妈哭着大喊道："国王陛下，把孩子活着给她吧，不要杀这个孩子！"通过情愿放弃她的孩子而不愿看到孩子被杀害，真正的妈妈自己显现出来了。所罗门王于是宣布，通过显示真正的爱，她证明了自己是孩子的妈妈，所以他将孩子给了这个女人。

我们通过这个例子看到，深刻、有洞见性的智慧是一种远远超越简单头脑逻辑的决策。第一道命令的简单逻辑是要分割或者共享这个孩子，似乎是公平且符合逻辑的解决方案。但是心和腹的智慧在这个简单解决方案前都畏缩不前。心需要共情，所罗门王的睿智办法就是召唤共情，共情是界定一个真正妈妈的心灵特性。他创造了一个非常睿智而快速地找到真正妈妈的办法。

易变的心

只单纯地用心来做决策可能是危险的，心是一个易变的朋友。心会在众多的人、地点、事情和主意中迷失。今天心想要的可能并不是一个星期、一个月或者一年后它想要的。所以，只是依据心来做决策并不是明智或者最优的。这就是为什么你需要所有脑的多角度统合起来的智慧。你的腹脑会提供直觉，告诉你心想要的仅仅是短暂的迷恋。你需要保证自己询问并倾听来自腹脑的信息！很多时候，人们会忽视或者贬低腹脑的信息而带来对自身的损害。

心行使价值观和欲望两种核心能力。价值观是关于重要性和突出性的。价值观在一个相当长的时间段内是相对稳定的。而欲望就不同了，欲望几乎有着与肠关联的饥饿感，并且一般只持续有限的一段时间。迷恋就是一种强烈的欲望形式，它能够吃掉你。研究发现，迷恋的体验与神经荷尔蒙催产素相联系。催产素是大家熟知的一种爱和连接的荷尔蒙。当你迷恋上某个人或者某件事时，你会变得强烈地连接并且你的血液中会含有大量催产素。但是催产素会消退，迷恋并不长久。你最终要么前进为一种深层的有价值的爱，要么再去寻找下一段上瘾的迷恋。

第二章中詹森的案例就展示了当腹脑发现了你的心迷失在迷恋中时，它是如何警告你的。詹森评论道："你知道这句谚语'爱是盲目的'——多好的一句话啊！我确实开始认识到这可能是真的。我遇到了一个女人，陷入热恋，我的心告诉我要信任她，要相信她告诉我的每一件事……然而我的大脑却在一旁谨慎地观察，有时候，还会有一个微小的声音在我的腹中说'喂，小心，此处有什么不对劲'。"你怎么办？这就是问题解决和决策的关键点。你要做的就是倾听三脑的沟通、分辨和直觉，认识到每一个都是重要有效的讯息。当你尊重所有三脑的智慧时，你就会做出明智的决策。

非理性的恐惧和旧模式下腹的反应

有些时候，腹脑会对非理性的或者陈旧的恐惧做出反应。腹脑会学习并拥有记忆。它会"过度习得"这种模式，并将年轻时学习到的经验带到很多年以后，虽然到那时这些经验已不再适用了。了解到这一点对决策过程非常重要。你需要分辨基于恐惧的腹部反应和有直觉力的觉察之间的差别。腹脑提供有洞见性的讯息，但是当处于交感或者副交感过度支配状态下时，例如恐惧、焦虑或者抑郁情况下，它就不能做到这一点了。在所有的三脑统合技术技巧中，关键是将你的自主神经系统带回到一种平衡的和谐一致的状态下，与你的腹愉快地沟通，来获取直觉的洞见。

渴望风险

对于饥饿在决策过程的作用，有一些已经发表的研究令人耳目一新。在一个研究中，研究者分析了超过1000项的判决，是法官们在50天内就罪犯假释做的判决。结果显示，午餐休息后法官做出有利判决的比率为65%，而在身体饥饿的峰值，也就是临近午餐时，这一比例接近0。所以，如果你是一个罪犯，那么在一天的开始或者午餐后进行你的假释听讯对你最有利。但是对于我们其他人来说，从三脑统合技术的角度看，认识到饥饿强烈地影响到我们的决策过程是同样重要的。当你的腹脑因需要进食而被分心时，与它在饱腹时参与决策的方式就不可同日而语了。

在另外一项重要的研究中，研究者观察了饥饿以及新陈代谢状态如何影响经济决策和财务风险策略。他们发现，当人们饥饿时，他们会变得对风险不再那么审慎并开始做出更具风险性的决策。就如他们的论文中所描述的结论，伦敦学院的研究发现，"人们的风险偏好对当下的新陈代谢状态非常敏感"，这一点对于无论是现实世界的经济交易还是饮食紊乱或者肥胖等异常的决策都有深远的影响。

它的意思是，当你做重要决策时，你需要保证自己既不太饿也不太饱。记住，当腹脑忙着消化胃里满满的食物时，它是不可能做出最明智的决策的。当你过度饥饿时，你会做出更有风险的决策。了解到这些过程能够让你拥有更多的自我觉察并帮助你精微调节决策策略来匹配你的成果。

三脑决策

前几章中，我们了解到睡眠和梦是深度统合的过程，让你的脑能够相互沟通。所以，当处理重要问题或做重大决策时，"枕着你的观点和决定睡觉"会最佳地服务于你。

另外，科学研究发现，在我们的舌头上及整个胃肠道里都有水味觉感受器。是的，一种对水的特定味觉感受器。我们的腹脑能够利用这些水味觉感受器来感知我们消化的食物中含有多少水分。如果你起床时喝下一大杯水，就会让腹脑马上感觉到对水的需求得到了满足，消除了睡眠过程中水的流失。通过这种方法，压力以及分心马上从思想中移除，让它能够更容易聚焦在使你获得洞见和直觉上。

1. 有意识地在睡觉前回顾并接触所有的事实。
2. 同你的心脑、头脑和腹脑对话，让它们消化、评估这些事实并对其分类，在你睡觉时通过你的梦境来给你传递信息。
3. 醒来后，不要第一件事情就是吃东西或者饮用咖啡、茶及任何刺激物，因为这样会困住你的腹脑。

4. 喝下一大杯常温的新鲜清水，应对饥饿并平衡缺水状态。

5. 安静地坐好，问你的心、头和腹（按照这种顺序）对该情境有什么洞见并接近它们的反应。

6. 选择少量、清淡的早餐，让你的脑不必受到低血糖以及更有风险的状况的影响。

7. 现在，跟随三脑统合技术导图，开始平衡呼吸，通过它们的至高呈现来调节你的脑。处在这样的状态，运用在步骤5中得到的所有直觉，调用你的头脑创造性地发现充满爱的方式，尊重你的脑表达出来的信息、直觉和需求，做出最明智、最勇敢的决策。你会了解到，当所有三脑都说"是"而一致同意时，你已经做出了正确的决策。这时，你的心脑与其同在，你的腹脑想要去开始行动，你的头脑同意它是完全正确而合理的。

控制习惯以及克服难以抵制的冲动

玛丽·莫莉在她的书《冲动的礼物》中谈到，难以抵制的冲动是我们学习到的管理我们感受和需要的无意识模式。它们是临时满足我们心灵需求和安抚心灵伤害的方法，是满足深层饥饿的方法，是让我们使自己麻木从而回避生命挣扎的方法。但是与其去克服强烈的欲望和难以抵制的冲动，不如拥抱它们，将它们当作指引，并通过爱和接纳来疗愈。

根据个人的体验以及30年来的研究和教学，玛丽·莫莉认为，由衷的共情能协助克服难以抵制的冲动行为，可持续的疗愈来自保持好奇和有创造力而不是控制，来自宽恕而不是羞耻，这会产生深度的自我接纳。

玛丽·莫莉著作背后的观点，得到了我们行为研究的支持。玛丽清晰地指出："无论何时我们有了难以抵制的冲动，我们真正想要的是与我们自己连接。我们渴望再次扎根在身体中的体验，这是让我们与智慧、与心、与生命连接的源泉。有了这个源泉，我们就能够享受人生。"正是那种腹

（饥饿）、心和头之间的断裂造成了难以抵制的冲动。这种难以抵制的冲动是一种信息、一个"礼物"，让你的脑试图从失衡状态回到有爱的、通达一致的和谐的状态。而这不就是三脑合一技术吗？通过至高呈现协调、联结、统合你的三脑，让爱、共情和创造力、勇气、智慧回到你的生命中！

化解难以抵制的冲动的方法就是使用三脑统合技术导图去拥抱这种想要沟通、想要获得满足的需求和讯息，让其具体化。当体会到一种难以抵制的冲动时，你先通过平衡呼吸回到一种自主的和谐一致状态，然后将由衷的有共情心的关注和接纳带到难以抵制的冲动中。就像玛丽·莫莉解释的："在你的强迫行为后面，所有极度渴望的实际上都是对温柔的自我接纳的渴望。"经由爱、慈悲和与己共情的过滤器，你可以将你头脑的注意力放到这个难以抵制的冲动上，然后带着好奇心和创造力去探索它。通过对这种难以抵制的冲动提问，你去真正地理解它及其背后驱动的需求。你拥抱从你的头脑、心脑和腹脑发出的关于这种难以抵制的冲动的直觉信息。下一步你激发腹部能感受到的勇气来接纳自己本来的样子，来爱如是的自己。你拥抱这种更深切、更真实的本我感，这就是你。你统合你自己所有的部分，最终回到由衷的喜乐；你的心充满了活着、爱自己、爱生活的祝福喜乐。

接下来的发现练习引导你完成我们刚才描述的过程。

发现练习：化解难以抵制的冲动

在这个练习中，你会练习运用你的心、头和腹来协调、宽恕并接纳，让难以抵制的冲动得以满足。

1. 当你感受到任何你想要干预或化解的难以抵制的冲动时，做这个练习。从平静地接纳你目前的状况、你的感受以及这个冲动的当下体验开始。

2. 如果可以，以一种舒服平衡的姿势坐着。让你的脊柱轻柔地挺直，让你的头保持在平衡的位置上，把你的双脚平放在地板上，把你的双手舒适地搭在你的大腿上。你的目光轻柔地、轻松地盯住你前面地板上的某个地方。

3. 按照正弦波开始平衡呼吸，吸气6秒，呼气6秒，均匀地、毫不费力地呼吸。这样呼吸两三分钟直到你能够感受到和谐一致平静的体验深深地围绕着你的心、头和腹。

4. 用你的右手，轻轻地触摸你的心脏区域并提醒你自己，你值得爱。当你开始呼吸爱、共情以及感激欣赏时，正向感受在你的心里。随着每一次呼吸，扩展并强化你爱、慈悲和共情的感受，让它充满你的胸腔，然后上行到头部，再下行到腹部。用声音和色彩强化这种感觉。当你将这种感觉从心扩展到头部时，加入创造力。当你将这些感觉移回到你的心脏，然后再到腹脑时，加入深层的勇气。将这些美妙的对爱、慈悲、共情、创造力、勇气统合的感受上上下下在你的身体和思想中扩展。

5. 当你想到那些你拥有的强迫的感受时，开始对它们感到好奇。将这些旧有的强迫性的冲动当作信息的礼物，问每一个脑："我真正想要的是什么？""有什么信息是这个强迫性感受给我的、需要我认可的？""这种强迫、难以抵制的冲动的意图是什么？"倾听来自你的每一个脑的回应、感受和直觉的回答。这是一份礼物，感谢这种难以抵制的冲动给你的生活带来强有力的洞察，让你现在开始能够有创造性地发现在这些古老的强迫性冲动下隐含的意图和需求。感谢你的各脑中使用强迫性冲动的那些部分，它们在尽全力支持和保护你。

6. 处在至高呈现状态继续你的平衡呼吸，询问你的有创造力的头脑，让它想出至少3种新方法以更好地尊敬这些旧有的强迫性冲动下隐含的那些信息和意图。确保你的心脑和腹脑参与到这个生发出新选择的过程中，并支持着头脑。

7. 现在，感受一下每一个有创造力、有生机的方法，随着吸气将这个感受从你的头深深地吸入你的心，真实地感受它与你的爱和共情相融合。当你准备好了，吞下你的有创造力的正向新行为和方法，感受它喂饱了旧有的冲动。感受你的腹充满了爱、宽恕、支持以及平静、安宁、平和的喜乐。真切地品尝这些感觉，将它们吞咽到腹中。让喜乐和感激、欣赏充满你的肠胃，充满你的躯体，充满你的腹脑，然后一直回到你的心并扩展上去。你在心中、意识里、灵魂中感受到一种难以比拟的价值感、感激和爱，这是你对美好生活和有生命力的本我的价值感、感激和爱，当你完全感受到这个价值感、感激和爱时，练习便可结束。

8. 当你做这个练习时，如果你体验到了任何主要的神经统合阻滞，运用第六章的技巧方法来化解并干预这种阻滞，然后回到上述第4步再一次做这个练习，直到你能够体验到对任何具有强迫性的感觉都能够有被统合了的深刻满足感。

抗拒是没有用的

你越是频繁地、起劲儿地抗拒一个欲望，那你成功抵抗继此而来的欲望的机会就越小，这是相关研究的发现。芝加哥大学的威廉·霍夫曼、佛罗里达州立大学的罗伊·鲍迈斯特以及明尼苏达大学的凯斯林·福斯发现，你所抗拒的事情会持续。他们同时也发现，当意志力低的时候，感觉任何事都来势凶猛。鲍迈斯特说："较低的意志力似乎调高了生活的音量。"在一系列的试验中，鲍迈斯特和他的同事发现，正在经历低意志力时期的试验对象表现出了更多的痛苦，无论是对一部伤感电影的反应还是对冷水浸没试验的水温评定，他们也拥有更强的欲望去打开一份礼物，或者不停地吃饼干。

这就是为什么抗拒是无用的，抗拒只会导致更低的抵抗力并且让我们更关注想要抗拒的事情，直到最后放弃。而一旦你的意志力崩塌，你会感到事情的来势更加凶猛，这会导致更大的放纵，导致一个强迫性的冲动和上瘾的负面循环。

就像我们上面看到的，解决的方法不是抗拒，而是重新聚集于你的关注力,并通过让你的三脑充满至高呈现的和谐一致的正向感觉来满足你的心和腹的需求。有意思的是,里斯本天主教商业经济学校的妮可·米德和她的同事们的研究发现支持了这种观点:通过重新聚焦以及延迟屈服于这种冲动,你可以更加容易地克服它。

在一个试验中,米德的团队给了受试者一袋子薯条并指示他们,推迟、抑制或者吃掉这些薯条。在一个星期的时间里,受试者主动推迟吃薯条的吃得最少。那些被指示抗拒吃薯条的吃得比那些被指令吃薯条的人都要多。

身心健康

身心健康不仅本身很重要,而且当你的生活状态以及创造生活的方法不恰当时,它们还是很好的指示器。健康生活是智慧生活的核心。当你正遭受身体痛苦时,是很难获得智慧的。

你的身心健康水平也是一个"自我觉察"的指示器,指明你如何处理生活中还不是很好的那一部分。

1. 自我觉察以及发展直觉
2. 状态管理以及自我控制
3. 勇气、动机和行动
4. 决策和问题解决
5. 习惯控制和克服冲动
6. 身心健康

以上任何方面的偏离都会影响你的生活、身体健康以及相应的身体和脑系统的状态。打比方说,当你不能很有效地调控你的情绪状态,造成非常紧张愤怒的情况而忽视许多从你的心和腹发出的直觉信息时,你就会最终产生一些健康问题和疾病症状。所有这些都是你的思想、身体系统以及三脑传递的重要信号,告诉你需要重新聚焦、重新协调以及统合更多的智慧。

我们在第二章提到，大约 80% 的免疫系统分布在腹部。所以你的腹脑以及你的胃肠系统状态会影响你的整个健康。你的腹脑和你的免疫系统都深入地参与到维持核心的物质身体状态的过程中。它们决定了什么样的分子和细胞需要吸收、复制、破坏或者消灭。你的心脏提供了血液以及氧气来帮助你的肠和其他器官系统工作。所以非常明显，当这些脑不在它们的最好功能状态时，你的身心健康很可能受到不利的影响。

当你的三脑不一致、处于一种对抗状态时，它们制造的压力状态降低了免疫系统的反应能力并最终导致疾病。通过三脑统合技术模型获得本我的通达、协调、一致的至高呈现状态，你就可以尽你所能地支持你获得身心健康的最佳状态和过程。

我们所吃的食物

一个重要的保健环节是我们所吃到的食物。你需要确保你给你的腹内器官提供了完成它们的核心工作所需要的健康食物和水。营养配餐是让肠胃良好运作的基础。如果你让肠胃充满垃圾食品和毒物，就是将你的腹脑推入一种压力状态并限制了它的功能最大化。所以，你需要吃健康新鲜的食物。当然，不仅仅是这个。

一个健康的微生物群

维持腹内健康的菌群（第二章所讨论的微生物群）对保持健康绝对重要。在胃肠区域，微生物组成了菌群，对于维持正常的黏膜免疫功能以及上皮屏障的完整性、运动性以及营养吸收有着有益的影响。剥夺这种影响就会减弱胃肠功能进而造成疾病的发生。

研究发现，压力能对肠部菌群的组成造成不良影响；同时，压力与胃肠部对炎症刺激的易感反应增加相关。反过来也一样正确。对菌群的干扰会造成行为改变。这里关键的信息就是你需要维持一定健康数量的肠部菌群来支持腹脑和你的健康。

为了保持你的菌群健康，补充一些益生菌绝对非常值得。补充益生菌被证明是一种非常有效的应对焦虑、抑郁以及其他削弱心理状态疾病的治疗方法。益生菌看起来能够支持腹脑功能最大化，但是请注意你必须咨询你的健康顾问，以确认补充益生菌是否对你个人的健康和需求合适。

甜美的梦

如果你曾经遭受过失眠的痛苦，你会理解高质量的睡眠对于健康是多么重要。如果你很疲惫了，你就不能很好地思考或者发挥身体功能。疲劳并不只是影响你的头脑，你的其他脑也会受失眠的影响。我们在第三章和第四章中看到，腹脑经历的睡眠和做梦的过程与头脑是一样的。所以当你的腹脑夜里没有得到一个好的睡眠时，它就不能很好地运作，你会体会到无论是消化功能还是其他能力都会受到影响。你会变得更有防卫性并且更容易对日常生活的紧急状况以一种有压力的方式应对。

当我们告诉别人希望他们睡个好觉时，我们说"做个甜美的梦（sweet dreams）"是有原因的。这个味觉上的"甜"显示着腹在高质量睡眠中扮演的角色。我们从直觉上就知道这一点。现在，科学为这种古老智慧的有效性提供了证据。

腹脑负责监控安全和危险，既包括外部的身体危险，也包括内部的或者是心理上的恐吓。所以，如果你在睡觉前将自己置于一种不安警戒的状态，如果你反复思考你认为的不公正或者聚焦在一些令人担忧的未来的事情上，你会发现你的腹脑可能进入危险监控模式，你的脑就不会进入深层高质量的睡眠。

显而易见的是，你在睡觉前不应该吃油腻杂多的食物。任何干扰腹脑平静睡眠的事情都会降低你的睡眠休息质量和甜美度。

相反，当你躺在床上，入睡之前要做平衡呼吸，让你的心充满安宁、爱和共情，然后将这些向上吸入你的头，然后再下行到你的腹，让你所有的脑都充满平静、安宁和爱。温柔地、充满爱地同你的脑对话，请求它们去睡一个高质量的好觉。充满尊重地指引你的脑，让它们充满安全、爱和安宁等这些温暖的感觉，轻轻地进入一个健康的让人焕然一新的安睡。

触摸的力量

我们都知道爱的触摸、人的接触和身体按摩的力量。一项研究发现，按摩关闭了同感染有关的基因而同时打开了帮助肌肉愈合的基因。其他的研究还发现，许多对疗愈有积极作用的重要的脑化学物质通过触摸被释放。这些神经荷尔蒙并不仅仅在你的头脑中表达，它们同时存在于你所有的脑中。

特别是腹脑，对抚摸、触碰和按摩有强烈的正向反应。腹部按摩刺激了副交感神经系统并将腹脑带入一种深度的放松和释放的状态。腹部按摩因此是一种非常美好的减轻焦虑、压力和治疗失眠的方法。

第三章曾经提到，对腹以及内脏区域的按摩能有效减轻强烈的情绪反应。腹脑与许多有关保护、恐惧、核心身份认同以及创伤记忆的深层情绪紧密联系，这些创伤情绪常常被压下来并隐藏在我们腹部的最深处。这让腹部按摩成为一个非常有力的释放并疗愈旧的情绪损伤的工具。就像在第三章描述的那样，遭受过虐待的人常常患有胃肠道紊乱。这表明腹脑的情绪、记忆和应对模式干扰了肠部的蠕动和消化过程的自然流动。腹部按摩能够因此促进消化、释放毒物并提供给你能量和健康，这些能量和健康受到了旧有模式和反应方式的限制。

"胃部按摩提高你专注的能力；大肠按摩降低情绪压力。"

——皮埃尔·帕拉迪

在有关整体感知的著作《腹本能：你的胃想要告诉你的事情》中，世界著名的整骨治疗师、营养学家以及理疗学家皮埃尔·帕拉迪描绘了许多获得腹脑疗愈能量的重要方法。皮埃尔指出，按摩你的肠是一个自然而本能的过程，能够缓解很多问题和状态。皮埃尔同时给出了一系列的自我按摩腹部区域以及腹脑的方法。

你当然能够给自己做腹部按摩，然而我们推荐你在采取有强度的腹部按摩前，主动寻求受过腹部按摩训练的专业按摩师的帮助。腹部按摩有许多禁忌，包括疝气、肠梗阻、急性炎症、癌症等。我们因此强烈建议你去寻求你的医疗专业人员和有资质的按摩师的建议和帮助。

不要对生活失去信心

在整个身心健康保健方面，意识到存在着健康以及不健康的情绪很重要。就像第三章讨论的，失望、无助、冷漠和抑郁等情绪与冠状动脉疾病、心脏病、突发性心脏病等疾病发病风险的显著上升紧密联系，大量的研究证实了这一观点。还有许多研究发现，诸如愤怒和敌意等负面情绪会严重地损害心脏健康。例如，通过 25 份临床研究健康人群罹患冠状动脉疾病的风险，我们发现在愤怒和敌意方面得分高的人群，罹患冠状动脉疾病或者心脏病的概率要比一般人高 20% 以上，即使已经排除了其他已存在的风险因子。

积极正面的情绪对心脏疾病是一种防卫和保护，它们同样被证实能提高免疫功能。在一项研究中，研究者在 10 年间跟踪了 1739 名健康成年人的健康指标，他们发现积极正面的情绪（比如喜乐、幸福、兴奋、热情以及满足等）能够显著地起到保护心脏的作用。在研究期内，拥有高度正面情绪的人群罹患心脏疾病的概率较低。

你需要记在心里的是，愤怒、痛苦、失望以及其他负面情绪能够侵蚀你的心脏并影响到你的免疫功能，最终损害你的健康和整体的身体机能水平。你要在生活中的每一天以及各种情境下建立诸如共情、爱、安宁等正面情绪。

引导升起的智慧

"高质量的提问创造高质量的生活。"

——安东尼·罗宾

"我们以提问的勇气让世界更加璀璨。"

——卡尔·塞根

提问拥有不可估量的力量。提问为你的意识和无意识指明了方向。提问打开了各个神经网络内部和它们之间联系的通路。你日常生活中问自己问题的质量能够显著影响到你生活的质量。因此,我们将以一系列继发性三脑统合技术的引导式问题来完成这一章。

这些问题的设计能够给你的生活带来智慧,在深度统合一致的至高呈现状态下来探索它们。对每个脑告诉你的事情保持敏感(请记住,每个脑都以不同的方式同你对话)。当你从每个脑获得洞悉和智慧时,继续你至高呈现的平衡呼吸,同时将每一个学习结果吞入你的腹部和生活中。

建立交感相应

- 我的真实问题和/或目标是什么?
  - ◎我的头说了什么?
  - ◎我的心说了什么?
  - ◎我的腹说了什么?
- 冲突/怀疑/不确定/困惑/迟疑/勉强/抗拒在哪里?
  - ◎在头?心?腹?
  - ◎在头和心之间?头和腹之间?心和腹之间?所有三个?

引导通达一致

- 根据我的问题和/或目标的本性,考虑到每个脑的主要功能,谁更适合来带领?

- 哪些核心能力目前被我的头、心和腹所证实？它们是被交感神经或者副交感神经过度主导的吗？
- 哪些高度和谐一致状态的核心能力是被每个脑所要求的，这样一来起引领作用的脑被其他两个脑通达一致地支持着？

（通过做平衡呼吸来接近存在你的每个脑中的核心能力。）

走近你的至高呈现

在一种高度和谐一致的状态下：

- 对我的问题和/或目标在心里体会到深深的全然的共情意味着什么？
- 我的共情如何创造性地改变了我对问题和/或目标的想法、观点以及内在对话？
- 我改变了的想法、观点以及理解是如何支持并提升我的共情、爱和友善感觉的？
- 在新的想法和观点下获得提升的共情状态是如何改变了我是谁、我对自己的问题和/或目标拥有什么样的勇气去行动的？

升起的行动智慧

- 当我体验到心、头和腹在至高呈现下的统合时，我的意识中浮现出什么？关于我的问题和/或目标，有什么新的可能性向我打开？

  关系到：

  ◎ 重要的他人？
  ◎ 自我的特定方面？
  ◎ 工作？
  ◎ 健康？
  ◎ 财富？
  ◎ 习惯和惯例？

- 关于我真的是谁、什么对我真正重要、什么样的行为和行动能全面表达最深层的/最高本我本质的提问，有什么样的洞见和醒悟在升起？
  ◎全然真实地表达自我闻起来怎样？尝起来如何？
  ◎什么样的气味、口味能代表我是谁的最真本质？在我与他人以及世界的关系中呢？
- 现在能采取什么样的行动来全面表达最深层/最高感觉的我是谁？联系到我的问题和/或目标，对所有方面最好的行动是什么？

现在就采取行动吧！

mBraining 三脑教练
运用三脑做酷事

第九章
用三脑统合你的世界

"直觉是一份神圣的礼物,理性思考是一位忠实的仆人。我们创造的社会太重视仆人而忘记了礼物。"

——阿尔伯特·爱因斯坦

"科学技术给我们提出了一个深远的问题,在时间还来得及之前,我们会习得带着智慧和远见使用这些工具吗?"

——卡尔·塞根

这一章是关于个人的,是关于你的。

当然,它也是关于我们大家的,关于我们所有人的。基于"你"的选择,在这个我们共同生活的世界上,三脑统合技术会让什么成为可能?你远比你自己认为的更有影响力。你按照你的至高呈现来智慧地生活的程度不仅影响到你自己的生活体验,还影响到你爱的人、你的朋友、你的工作伙伴、你的熟人、你接触的陌生人以及由他们又扩展出的人际网络。

显而易见，我们彼此以某些方式互相影响，直接或间接地以我们所选择的方式"活在"这个世界上。就如何呈现自己，我们做出了自己的选择，创造了我们个人的世界。从整个社会以及全球来看，所有这些集合在一起，创造了"这个"世界。

从上述引用的爱因斯坦和塞根的话来看，第一章中曾经详细描述过，我们的世界是不平衡的。很多个世纪以来，我们一直聚焦在基于头脑的理性认知上，并将其放在比深层心灵连接和直觉认知更重要的位置上。我们对理性思维的热衷让我们只聚焦在逻辑上，所以当我们不能用头脑的客观标准去解释事物时，我们就诋毁或者忽视它。

我们单纯基于头脑的生活方式和决策方法造成了很多令我们苦苦受困的全球问题。第一章曾经指出，无限制的贪婪和对系统后果意识的高度缺乏导致了：

- 人口过度膨胀以及环境退化
- 无限制的消费主义
- 压力和健康问题
- 无意义的加速变化；为了变化而变化
- 社会分裂以及工作生活不平衡；人们不再以有意义的方式连接，尽管我们拥有了超过任何时代的更多的沟通方式
- 僵化、缺少接纳和同情而导致暴力、战争和全球冲突
- 由于贪婪腐败或者缺少勤奋等造成的不道德行为以及金融系统的崩塌

即使对全球问题所知甚少，环境以及社会问题也足够让我们意识到我们生活的世界处于不平衡、不一致的状态。我们急需发现一条道路，在这个脆弱的星球上将统合的智慧带入生活。

我们不是宿命论者。世界上一定有许多正确、美好的方法。活着非常美好，也有许多事情值得感恩。然而我们要说的是，我们需要清醒过来，

看到驱动我们日常选择的更大模式和系统。这需要看到更多的角度，并且不因为一个而否认其他。我们需要统合多个观点来做出明智的选择，不仅指出我们当今世界的重要问题，而且确保一个我们珍视并想生活于其中的可持续的未来世界。

我们不是宿命论者，同样也不是空想者。你能从贯穿本书的基于科学研究的背景资料中看出来，其中运用了大量的实际应用技巧，我们是实用主义者。而且，我们是有目标的实用主义者。我们的目标是提升决策的智慧，影响这个世界上所有人的行动。我们所有的目标已经作为共情、勇气、创造力的至高呈现的一部分体现出来。到达那里的实际方法就是三脑统合技术，就是我们这本书中提供给你的各种方法。

现在，除非你是一个强大的世界领袖，否则很难直接在全球范围内影响改变。然而，我们都能够直接或间接地通过提升个人决策和行动来为集体的改变作贡献。

这就是你可以去做的。

选择的自由

"每一个人都被处以自由。"

——珍妮-保罗·萨特瑞

你被处以自由。不管你的环境如何，你都有选择自己回应的自由。实际上，这正是你所做的。无论生活给予你什么，你所选择的回应方式，是基于你知道什么、不知道什么，你意识到什么或者没有意识到什么以及你在惯性的基础上给自己的模式是什么。你选择的质量受到你的自我觉察水平以及你的意图的影响。你的意图是以真实本我的至高呈现来生活，还是生活在默认的条件限制下？你不能不做出选择，即使不做出选择也是一种选择，这是一种顺从周围情形而不是遵照意图生活的选择。

许多人过着一种默认的生活，以此来减少他们的认知不一致的状态。他们或许有过一些瞬间，看了一眼那种自主、全然的生活是什么样的，但只是刹那，他们失去了和谐一致的状态，屈服于那种缺少勇气、创造力以及共情的状态，过着默认的有制约的生活。你可能此刻正处于此风险之中。你在本书中所学习到的三脑统合技术的知识和方法是具有转化能力的。现在你了解了它们，你能够选择运用这些知识和方法，来让你的生活和他人的生活产生真正的不同，或者你可以选择不这样做，两者任选其一，你都是自由的。

真正且值得探讨的问题是：你将会选择什么？你会选择什么都不做，过一种空虚而无意义的默认的生活吗？或者你将选择一种有意义的人生，充满勇气、共情、创造力地生活？这个选择会带来不同的世界。这是关于意图的事情，有各种选择供你挑。你的选择能给我们所有人正在共同创造的世界带来真正的改变。

书写你的人生

贯穿本书，我们一直在谈"真实本我"这个概念，但是现在，我们想要和你分享一个秘密……

实际上并不存在什么"真实本我"，没有绝对的、固定不变的、理想化或者本真的本我需要你去发现。你的"本我"是一种在你漫长的人生叙述中浮现出的流动的和不断改变着的过程。在一个既要回顾又要前瞻的复杂过程中，你书写你的本我的故事，书写你的人生故事。你通过想法、感觉、认知、信念、价值观、隐喻、期望以及无数的无意识过程贯穿所有神经网络的复杂舞蹈来创造本我。说到"真实本我"，它其实就是一个简略的表达方式，并没有一个独立于宇宙其他事物的本我。

如果通过阅读本书，你开始理解奠定三脑统合技术基础的概念和观点，那么你就会意识到能够自己书写自己的生活是多么有威力。你在书写睿智的有生命力的本我中所需要的技能就是那些至高呈现。它是通过共情、创造力以及勇气等所给予你的和谐一致的状态，给予你自己最大的机会来书写你令人惊奇的本我，创造璀璨的人生以及不可思议并且有生机的世界。你生而拥有书写自己人生的自由，所以一定让自己选择一个最睿智、最有创造力的存在方式。

神经起源：进化你自身

"脑的主要活动就是给它们自己带来改变。"

——马文·L.明斯克

许多年前，心理学家唐纳德·赫伯就指出（同时也被无数的前沿科学研究所支持），当神经元一起被触发时，它们发展出新的连接。通过大脑中所谓的"神经形成"过程生长出新的神经元，并建立新的突触连接以及新的神经结构。证明此观点的一个例子是伦敦的出租车司机，研究者发现，学会在复杂的伦敦地理条件下驾驶的出租车司机发展出了更大的海马体（大脑中负责视觉空间记忆的核心区域）。另一个有力的例子是大脑可塑性，有研究表明，学习并练习慈悲冥想的人群，其大脑的前庭连接增加了。

第三章中曾提到，神经形成的过程不仅仅发生在头脑，也有证据显示腹脑和心脑中同样发生了该过程。这对于你如何选择使用本书中三脑统合技术的方法是一个令人兴奋的发现，同时它还有着重要的含义，那就是通过定期地运用三脑统合技术，你会在你的各脑中增加新的神经模式和通路！你将会实实在在地发展你自己，使你具有更强大的处在更高的功能状况的神经能力。

"我们投注精力的方式能够提升神经的可塑性，神经连接的改变是由体验带来的。"

——丹尼尔·辛格

练习共情能够在你的各脑中创造更多的共情的神经回路。练习创造力能够在各脑中创造更多的创造力的神经回路。同样，练习勇气能够在你的各个统合过的相互连接着的脑中创造更多的勇气回路。从身体上、理智上、情感上，你确实会发展和进化你自己，同时放大你的能力去获得更高的觉知和存在的各种方式。

前面我们提到的许多个人和社会的挑战不仅是三脑之间的缺少统合的结果，最重要的是因为缺少充足的可用神经连接的结果，这些神经连接用来生成解决这些复杂问题所需要的智慧。我们不仅能够主动创造让我们在更高层智慧上解决现有全球问题的神经连接，我们还可以创造这个星球上从来没有存在过的新的脑结构。

它从每一个想要过有意义生活的个体开始，从每一个想要过一种全然值得的人生开始，从每一个对过上有勇气、有创造力、有共情心的生活有共鸣的人开始，像我们一样的人，像你一样的人。

一起明智地努力去找回平衡

我们现在知道，除了头脑，我们还有心脑和腹脑。我们知道这两个智慧中心有它们自己重要而独特的功能。而当我们所有的脑在一种至高呈现的状态下运作时，生生不息的智慧就会浮现。

可能这些新发现背后的科学依据会令人惊异，但对此的应用已经超过2500年。我们在第一章中曾说过，这是现代神经科学与古代智慧的相会。通过三脑统合技术，我们现在对如何将古代智慧以不同的方式进行应用有了更深入精确的理解。重塑全球活力的实践应用从未如此快捷方便过。而这需要我们每一个人在至高呈现状态下持续不断地有意图地选择生活，做出明智的决策，从而过上睿智的生活。

我们有一个愿景想要分享给大家，其实开始写这本书时脑中并没有这个想法，但是通过三脑统合技术的探索过程，通过在至高呈现上统合我们的三脑，让人动员起来的愿景在我们的心里、脑子里、生活中发芽生长，现在充满激情地鼓舞和激励着我们。

这是一个我们每一个人如何独自或合力来创造一个智慧世界的愿景。在我们的个人生活中，在我们的家庭生活中，在我们作为其一部分的组织内和所有组织之间创造生生不息的智慧。想象一下，世界上不同地区的千千万万人持续地练习统合他们的三脑，持续地与他们的至高呈现连接，持续地在他们的决策、目标、行为、关系中生发新层次的智慧。

想象他们中的一些人是高层经理、执行官以及有影响力的大组织或者行业的领导者。想象当他们按照心中的价值观采取有创造力的策略，按照平衡统合的勇气采取决策制订计划，同时关注与客户、员工和社会的高质量的关系时，他们的领导力会有什么不同。

想象在一个充满共情、创造力以及勇气的组织中工作和生活是什么样的。在那些珍视这些美德的组织中，这种转变已然悄悄开始。在过去的几十年里，对于基于心的智慧技能的关注在不断增长，许多公司已经开始关注并利用一些诸如"情商"和"欣赏式探询"等组织过程，但这只是表面上的事情。当心、腹、头统合一致的时候，真正的力量和智慧才会产生。就像我们在这本书中描述的，我们不只需要心和头，我们需要所有三个智慧一起合作，通过至高呈现统合在一起，并将之应用于这个世界。

想象一下生活在至高呈现状态下的个体，作为父母，三脑和谐一致的状态带来的睿智的教养方式，在家庭中创造了一个健康、充满养分的环境；想象这种积极正向连贯的影响在他们的孩子、孩子的孩子的生命中所发生的……

想象一下作为夫妻生活在一起的人们，想象当他们中的一个或者两个全都在"我是谁，我们是谁"的至高呈现下彼此连接时，他们关系的质量会如何。

现在想象一下，如果全世界的人都持续地在日常生活中练习在至高呈现的状态下去做决策、去生活，而不是重复旧有的模式，这个世界将通过集共情、创造力和勇气一起，让生生不息的智慧普及可见，并且越来越成为一种常态。

这是一个高高在上、飘在云中的理想吗？或许是，但是基于我们看到的这股具有转化力的三脑统合技术方法所产生的成果，我们相信这个愿景是非常可能并可以在我们的有生之年实现的。

它需要足够多的人开始意识到这本书所描述的值得注意的发现，并开始练习通过各脑的至高呈现来完成的三脑统合和校准过程。我们可以加速一个更智慧的深刻发展，通过在学校推广或者在早期就将三脑统合技术和方法教授给我们的孩子；我们可以将这种方法应用到商业、社会组织、媒体以及宗教、地区、国家和全球的政治中去，当然最后这个方面很难影响。然而，我们并不是天真地建议所有的政治家都被三脑统合技术所"点化"，我们所建议的是有关键影响力的人简单练习在至高呈现下按照他们的最真实的存在生活，如此一来，不同层级的领导者将能够做出不同的决策，采取不一样的行动。

如果你像我们一样，想要创造一个更好的世界，那么我们请你"全球思考，就地行动"，即从你的生活中应用三脑统合技术导图和工具箱开始。在最真实本我的至高呈现上统合你的脑和你的生活，让你的生活充满统合了的共情、创造力和勇气。创造一个世界——你的世界，一个值得生活的世界，一个激励你的世界，一个代表你所想要的和想生活在其中的世界。然后将你的知识和技能分享给他人，将你所希望的改变带到你所在的所有关系和组织中。

让我们一起努力，创造一个智慧而有生命力的世界。

法律相关

本书前面曾经指出，作者和出版方尽了最大努力来准备此书。本书包含了提升智慧和人类效能的很多观点、技巧、方法。这些素材为本书提供了相关的有用的且有帮助的资料。

在使用或者尝试本书中的信息、练习或者技巧之前，你需要寻求你个人的医师、健康顾问或者其他相关有资质的专业人士的帮助。

无论出版方和作者，对于本书内容的准确度、可信度、完整性和充分性不做任何保证或者声明，特别是不为任何特殊目的做隐性担保或者对销售以及适合度做出保证。没有任何超过本段内容的担保。此处所指的信息的准确度和完整性以及观点并不是一种担保，或者保证本书有任何特定的效果。同时，这里所包含的建议和方法并不一定适用于每一个人。

阅读此书时，需要了解无论是出版方还是作者，都不能对任何直接或者间接的利润损失或者任何其他商业损失——包括且并不限于特殊的、偶发的、惩罚性的、间接的或其他任何的损失承担责任。阅读或者使用本书或者其中任何一个部分时，你须同意不将出版方或者作者列为对这些内容的使用、不当使用、不能使用等任何相关行为造成的损失、责任、声明、需求或者法律成本以及其他任何产生的费用的承担者。在此限制之外发生的诉讼法律费用，责任仅限于你为了阅读或者使用这些内容的权利所付出的，并且/或者在法律所允许的最大范围内。

教练专业系列

《唤醒沉睡的天才——教练的内在动力》
Art and Science of Coaching: Inner Dynamics

[加] 玛丽莲·阿特金森 Marilyn Atkinson / 著
古典 王岑卉 / 译　定价：49.80 元

畅销书《拆掉思维里的墙》作者古典倾情翻译并作序

> 对话中激发思考，跨越旧有障碍，创造持久性的改变！

《被赋能的高效对话 —— 教练对话流程实操》
Art and Science of Coaching: Step By Step

[加] 玛丽莲·阿特金森 Marilyn Atkinson / 著
杨兰 / 译　定价：49.80 元

打破"假共识"，开启"真合作"，唤醒最强大的行动力

> 用高效能聆听和提问，洞悉身边真实想法

《提问的威力》教练问题全清单
coaching questions
A coach's guide to powerful asking skill

[美] 托尼·斯托茨福斯 Tony Stoltzfus / 著
赵学敏 / 译　定价：49.80 元

对于教练来说，最重要的技能就是学会提问。
本书系统化模块化地讲授如何在关键时刻提出好问题！

《你想玩世界游戏吗？》
Do you want to play The World Game?

[加] 玛丽莲·阿特金森 Marilyn Atkinson / 著
于燕华 马凯 / 译　定价：34.00 元

让任务清晰可行，团队高产，成员以高度责任感投入。

教练专业系列

《高级隐喻：故事转化生命》
Creating Transformation Metaphors

［加］玛丽莲·阿特金森 Marilyn Atkinson／著
吴佳　王利娟　杨兰／译　定价：49.80元

用故事让我们超越过去的模式，获得转化生命的能力！

**《看不见的沟通：
激发员工潜力的萨提亚教练模式》**

（台）陈茂雄　林文琇／著
定价：39.80元

揭开沟通中被忽略的4要素，
把头疼员工变为得力干将！

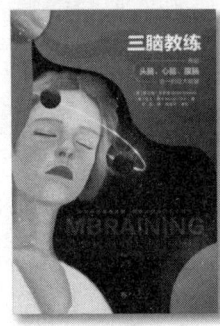

《三脑教练：开启头脑、心脑、腹脑合一的巨大能量》
mbraining Using your multiple brains to do cool stuff

［澳］格兰特·苏萨鲁 Grant Soosalu
［美］马文·奥卡 Marvin Oka／著
石蕊／译　定价：69.80元

国际行为建模大师首创三脑统合教练技术
本书的两位作者整合了大量关于三脑的前沿神经科学研究，创立了三脑统合教练技术，通过三脑合一使人的智能处于功能最大化的状态，获得创造力、共情、勇气的平衡。

《欣赏式探询的威力：正向改变的实践技能指导》
（"欣赏式探询"认证指定教材）
The Power of Appreciative Inquiry:
A Practical Guide to Positive Change

［美］黛安娜·惠特尼博士 Diana Whitney, Ph.D.
［美］阿曼达·赛思顿-布伦 Amanda Trosten-Bloom／著
高静／译　定价：89.00元

打破盯问题的惯性思维模式，用优势和正向激发内在改变。
成功推动联合国与企业领导人的高峰会议；
促使"巴西营养食品公司"销售额增长了66%，利润增长了422%；
帮助"拉夫雷斯健康管理公司"员工流失率降低了30%